U0624690

书山有路勤为径，优质资源伴你行

注册世纪波学院会员，享精品图书增值服务

卓越领导之旅

职场与生活中的13个超越时刻

〔修订本〕

[美] 戴维·多特利奇 詹姆斯·诺埃尔 诺曼·沃克 / 著
David L. Dotlich *James L. Noel* *Norman Walker*

李倩茹 周晓倩 吴景辉 / 译

范珂 / 审校

LEADERSHIP PASSAGES

The Personal and Professional Transitions That Make or Break a Leader

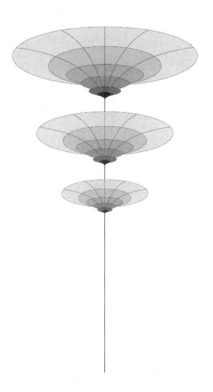

电子工业出版社
Publishing House of Electronics Industry
北京·BEIJING

David L. Dotlich, James L. Noel and Norman Walker: Leadership Passages: The Personal and Professional Transitions That Make or Break a Leader

ISBN: 978-0787974275

Copyright © 2004 by John Wiley & Sons, Inc.

Simplified Chinese translation edition copyrights © 2021 by Publishing House of Electronics Industry.

All rights reserved. This translation published under license.

Copies of this book sold without a Wiley sticker on the cover are unauthorized and illegal.

版权贸易合同登记号　图字：01-2016-7316

图书在版编目（CIP）数据

卓越领导之旅：职场与生活中的 13 个超越时刻 /（美）戴维·多特利奇（David L. Dotlich），（美）詹姆斯·诺埃尔（James L. Noel），（美）诺曼·沃克（Norman Walker）著；李倩茹，周晓倩，吴景辉译. —修订本. —北京：电子工业出版社，2021.6

书名原文：Leadership Passages: The Personal and Professional Transitions That Make or Break a Leader

ISBN 978-7-121-41127-4

Ⅰ.①卓… Ⅱ.①戴… ②詹… ③诺… ④李… ⑤周… ⑥吴… Ⅲ.①企业领导学 Ⅳ.①F272.91

中国版本图书馆 CIP 数据核字(2021)第 096716 号

责任编辑：杨洪军

印　　刷：保定市中画美凯印刷有限公司

装　　订：保定市中画美凯印刷有限公司

出版发行：电子工业出版社

　　　　　北京市海淀区万寿路 173 信箱　邮编 100036

开　　本：720×1000　1/16　印张：15.5　字数：224 千字

版　　次：2017 年 4 月第 1 版

　　　　　2021 年 6 月第 2 版

印　　次：2021 年 6 月第 1 次印刷

定　　价：69.00 元

凡所购买电子工业出版社图书有缺损问题，请向购买书店调换。若书店售缺，请与本社发行部联系，联系及邮购电话：(010) 88254888，88258888。

质量投诉请发邮件至 zlts@phei.com.cn，盗版侵权举报请发邮件至 dbqq@phei.com.cn。

本书咨询联系方式：(010) 88254199，sjb@phei.com.cn。

对本书的赞誉

本书让人眼前一亮的是，领导力发展的各个阶段都清晰可见。在一个典型的职业生涯中，所有领导者都会经历这些阶段。本书旨在为领导者以及渴望担任高层领导角色的人们提供有效的工具和方法，以帮助他们深刻理解这些阶段，并指引他们通过改变自己来实现个人生活和事业上的成功。

——科里·赛茨

诺华国际人才管理部全球负责人

多特利奇、诺埃尔和沃克所描述的发展阶段既能塑造领导者，也能毁掉领导者。本书帮助读者意识到这些阶段，并了解每个阶段所需学习的，掌握必要技巧以走向成功。

——罗恩·乔纳什

摩立特集团

　　本书为"领导力发展"补上了缺失的一环。三位作者认为领导者人生中的这些关键转折能够促使他们发生巨大的成长质变。但我们经常看到的是，这些转折点被个人或组织忽视了。多特利奇、诺埃尔和沃克提供了新的视角和建议来帮助领导者将这些发展阶段转变为动态的成长经历。

——黛博拉·西姆塞尔

雅芳公司组织效能副总裁，《领导力高手风格》作者

推荐序
卓越领导之旅，心力修炼之旅

↘ "你经历过的最大挫败是什么？"

在与一位我非常尊重的董事长面试时，这是他必问的问题。在某个重要职位的面试过程中，一个候选人在各个方面的表现都很优秀，但被问到这个问题时，想了一会儿回答："到目前为止，我的生活和职业生涯都十分顺利，还真没有什么挫败。"

最后，公司还是放弃了这个候选人。我有些不太理解，董事长跟我解释，这些核心岗位，他需要找到成熟、练达、心力强大的领导者。基于自己多年的经验总结，技能可以通过培训的方式提升，但要形成强大的心力，必须通过挑战和挫败的淬炼。

↘ 成功让人舒爽，挫败让人成长

1988 年，创新领导力中心（美国最大的领导力教育机构）对超过1000 名优秀管理者进行了调查，探究他们是如何学习和成长的。得出的结论是：70%的学习来自工作历练，也就是干中学。

这个结论并不是非常准确。世事洞明皆学问，人情练达即文章。我们不仅在工作中学习，也在生活中成长。另外，相对于成功的经历而言，失败是更好的老师。

大多数连续成功的人，根基都不太牢靠。没有经历过失败，领导者就不愿意走出自己的舒适区。失败会让人变得深刻。失败会让人意识到自己容易犯的错误，也会逼迫我们重新审视自己。身处困境时的经历可以教会我们很多。

↘ 从失败中学习需要开放的心灵

并不是所有的人都能够从失败的经历中得到教益。情商大师丹尼尔·戈尔曼研究发现，"失败的领导者通常都缺乏自我认知"。低效的领导者不肯承认自己的弱点，他们不愿反省，失败时不愿承担责任。这样的领导者可能很聪明，但正是缺乏自我认知，导致他们在面对新的挑战时很难成功。

反之，高绩效的领导者很清楚自己的强项与短板，他们谈论并思考自己的局限和失败并从中吸取经验。不论在顺境或逆境中，他们都坚持学习、适应并适时做出反应。他们用心观察与思考，不断发展自我；他们保持清醒的头脑和开放的心态，不断塑造更成熟的人格，提升自己的心力。

很多领导者在经历艰难阶段时，因为种种原因，并没有什么觉察，或者不愿意直面它。结果让自己拒绝了这些生活和工作经历带给自己的丰富内涵、重要意义和内在成长。

这样的艰难阶段也许听起来很"糟糕"，但对你的事业造成伤害的，不是这个阶段本身，而是你对这个阶段的反应。低绩效的领导者忙着怨天尤人，高绩效的领导者则借助这些阶段超越自我，凤凰涅槃。

↘ 一本浓缩了 13 个艰难阶段的心力修行指引

因为从某个艰难的挑战中获益良多，但又痛感成长太慢，我曾经异想天开：如果未来能设计一台机器，让人们能够在短短一周内，体验一把浓缩版的工作和人生经历，该是多么有价值。

本书无疑朝着这个目标前进了一大步。三位作者本身就是有丰富经验和阅历的高管，在为其他高管提供领导力辅导的过程中，又"看到"了更多的人生和工作中的艰难时刻。为了撰写本书，他们采访了诸多顶级企业的 CEO，这些身经百战的领导者也毫无保留地跟他们分享了自己成长的经历。

在此基础上，三位作者精心提炼了 13 个我们都可能经历的、有强烈冲击的艰难阶段。这些时刻会让我们紧张、情绪低落。然而，这些阶段同时具有重大的意义并激发我们思考。这些阶段也将为我们成为一位更坚强、更有影响力的领导者奠定基础。

十年前当第一次读本书的时候，我就感慨如果能早读到该有多好，可以少走很多弯路。十年后再读，又有很多全新的体会。从一本经典之作中能汲取多少养分，取决于我们自身的阅历。

如果你刚踏上领导之旅，这本书就如同导师，可以帮助你更快地成长。

如果你是资深的领导者，这本书就如同你的一位好友，可以帮助你停下急匆匆的脚步，让你从过往的经历中沉静反思，汲取更多的能量。

最后，衷心感谢电子工业出版社，尤其是晋晶老师。这并不是一本新潮的书，在把它推荐给电子工业出版社后，心里总是忐忑不安。但晋老师慧眼识珠，让一个更好的中文版再度面世。翻译是个良心活，特别感谢参译员周晓倩女士、李倩茹女士和吴景辉先生的使命感、专业热情和倾心翻译，以及范珂先生的精心审校。

领导力是一生的修炼。卓越领导之旅，即心力修炼之旅。我们都跋涉在领导之旅中。衷心祝愿你在阅读中有所收获。

康至军

HR 转型突破中心创始人

↘ 译者介绍

李倩茹，"80 后"，终身学习者，从高校英语教师跨界转行成为国际顶尖奢华酒店的培训探索者。曾作为奢华酒店集团中国区培训经理参与并推动多个卓有成效的领导力培训发展项目的实施。笃信学习、实践与分享的无限魅力以及人才发展与培养对组织的巨大推动力。

周晓倩，"80 后"，深爱读书、旅行和各种运动带来的快乐与酸楚。复旦大学毕业后，在美国 Clemson 大学获得了大气物理、旅游管理双硕士学位，随后在曼谷开始了培训行业的探险之旅。一路在不同的行业辗转，唯一不变的是对学习、分享以及与伙伴一起成长的初心。目前与先生和女儿生活在上海。译有《可持续领导力》《ATD 人才管理手册》。

吴景辉，HR 转型突破中心合伙人，毕业于东南大学，七年企业高管经验，曾担任某上市公司监事会主席，历任大型集团企业商学院院长、管理学院副院长，28 岁担任某企业（2000 人规模）常务副总经理，具有丰富的实战管理经验。译有《奥兹的智慧》《在组织中高效学习》《家族企业治理：家族与企业的平衡和繁荣》等。

↘ 审校者介绍

范珂，西安交通大学科技英语本科和康奈尔大学人力资源硕士毕业，现任沃尔沃汽车亚太区人力资源总监。有在中美两国约近 20 年工作经验，先后在多家知名外企和民企担任人力资源管理的重要职位。个人公众号"行走的帆"。曾参与翻译《高绩效的 HR》《变革的 HR》《ATD 人才管理手册》。

前　言

逆境可以让人激发出自己潜伏于顺境中的天赋。

——贺拉斯

我们近期拜访了一位大公司的首席执行官。这位首席执行官彼时正在和自己的下属们做团队分析。他着重将自己每位直属下级的技能和背景向我们做了介绍。我们被这个团队的多元化所震撼。"您的团队成员有相似点吗？"我们问。

他点点头："有些相似点，例如我们每个成员都曾经被炒过鱿鱼。"

这位首席执行官很骄傲地说出这一点。对他来说，被炒鱿鱼的经历就是一枚勋章。他的下属们都曾经历过困难的时期，从经验中学习和成长。因为曾经被解雇过，团队成员在个人和专业上都得到了成长。困难、无法预知的事情都推动他们关注内在、找到缺陷，并尝试去发觉究竟是

注释：在思考领导者如何发展方面，很多人为我们提供过帮助，其中需要特别提到几位人士。在阐释经验对领导者发展的重要性上，摩根·麦考尔是一位先驱。约瑟夫·加巴罗研究和发展了领导效力中的过渡经历。丹·齐安姆帕和迈克尔·沃特金斯也关注过领导力发展中的过渡经历。

什么样的举动导致了自己被解雇。解雇也测试了他们的韧性——这是对高度竞争商业环境中的领导力至关重要的一个特性。他们是幸存者。

我们之所以提到这一点，是因为与大家期待的不同，成功的职业生涯往往不是一帆风顺、持续成功的。事实上，即便高效、备受赞誉与享有盛名的领导者也都曾经历过怀疑、受挫和失败的阶段。工作上和生活中的事件都有可能引发这样的阶段：碰到一个差劲上司、经历离婚、接手一项吃力的新工作、在海外生活，等等。这些事件可以成为有利的成长与学习阶段，也可以成为停滞、否定，甚至倒退的阶段。我们把这样的阶段称作可预见的紧张阶段，因为这个阶段的性质即如此。

13个常见阶段

在本书中，我们选择了 13 个阶段进行解读；每章阐述一个阶段。当然，这些阶段无法完全概括职业生涯的所有经历。之所以做这样的选择，是因为这 13 个阶段是高层领导者经常提到的，并认为是特别引人注目或令人感到紧张的。如果你工作足够长的年头，你可能经历过其中的很多甚至全部阶段。当亲身经历这些阶段时，你发现它们会让你在情感上、理智上，甚至精神上感到紧张。

之所以使用"阶段"这个说法，是因为正如其字面意思，它们会把你从一个位置带到另一个位置；在你经历过构成每个阶段的事件和情绪状态后，你会用不同的眼光看待世界和自己。很多公司更倾向于避免谈论这些阶段或者这些阶段给员工带来的意义，所以你可能从未和别人讨

论过自己的经历或者就此分享过自己的见解。

我们的目标是帮助你理解这些阶段，从中学习并成功地度过这些阶段。如果你能够达到这个目标，你的领导效率一定会显著提升。反之，你则很有可能错过最重要的领导力发展经历：你自己的生活。

↘ 我们的洞察力之源

我们的观察和建议建立在那些真实管理者的亲身经历上，他们都经历了这些可预见的和紧张的阶段。我们就领导者成长的过程采访了超过75名管理者，也曾在 CDR 国际公司/美世德尔塔咨询公司领导力课程项目中指导过数百名人员。这个领导力课程项目每周都会在全球范围举办，面向的对象是一些跨国公司，如诺华制药、默克制药、戴尔、强生以及很多其他公司。在这个课程项目中，我们有机会与高管们密切合作，他们也愿意敞开心扉与我们分享自己的生活和领导力经验。他们是真实的领导者，我们通过一对一的面谈和不断的交流收集到他们的故事。

在这本书中，我们就将讲述他们所分享的故事。在某些故事中，考虑到经历的隐私性和我们的保密协议，当事人的真实姓名将被隐去。而在其他的故事中，我们得到了授权，可以使用当事人的真实姓名。这是非常需要勇气的行为，因为对于很多人来讲这是在揭示自己曾经的错误和失败，以及自己深刻的情绪反应。在这些被采访者中，一部分是专门接受本书采访的人，而另一部分则是我们的客户和同事。我们尤其感谢那些同意接受本书采访的人：比尔·乔治，美敦力公司前董事长和 CEO；约瑟夫·巴拉迪诺，安达信环球公司前董事长和 CEO；鲍勃·格林，太平洋煤气电力公司董事长和 CEO；托马斯·埃贝林，诺华制药公司 CEO；

雷·瓦乌特，通用磨坊公司副董事长。

↘ 三位作者的背景

我们三位都曾在大公司担任高级职位，包括霍尼韦尔国际、通用电气、花旗、福特、卡夫食品，以及诺华制药等。近期，我们的工作是担任企业顾问和主管发展顾问，主要在 CDR 国际公司和美世德尔塔咨询公司提供面向大公司的服务，包括英特尔、耐克和美国银行。我们也为这些公司中的 CEO 和其他高管提供教练指导。在这些私人关系和咨询关系中，我们得以从不同的角度来观察这些知名的领导者——我们常常看到他们角色和公众形象之外的另一面。这些私人性质的谈话为我们编撰本书提供了灵感，也丰富了素材。

我们讲的有些故事具有警示作用。尽管这些阶段是可以预见的，但是每个人的反应却是不可预见的。如果在理智上和感情上不能诚实地面对并度过这些阶段，就会对个人的职业发展带来危险。否认现实从短期来看似乎是有用的，但是从长期来看，坦诚地面对领导力方面的重大挑战才是最有益的。本书中的很多故事都能带来希望，带来应对挫折、困惑、陌生情况的路线图。学习这些我们用来帮助领导者应对挑战的技巧，那么你以后在工作和生活中不管遇到什么情况，都能更好地应对。

在各个阶段中会碰到的问题

只要担任过管理者，无论时间长短，一定经历过一个或多个这样的阶段。无论是职业发展阶段，如被分配了一项延展性项目，或者个人生

活阶段，如在工作和生活之间找到让人满意的平衡，你都曾见识过种种阶段的影响力和可能性。你很可能在经历这些阶段时并没有什么觉察，或缺乏对这些阶段的足够认知。或者，在经历这些阶段时，即便是痛苦的阶段，别人一直在鼓励你"不要停，继续前进"，结果让自己拒绝了这些生活和领导力经历带给你的丰富内涵、重要意义和内在成长。如果这些描述和你的经历类似，那么造成这种局面的原因也许是我们生活和工作的组织视成功高于一切，用狭隘、死板的眼光来定义领导力的"发展"。所以，即便你能自我隔离开成长道路上的痛苦和自我怀疑，却无法在领导力方面收获真正的发展。

学习领导力的途径

很多公司现在都在尝试着定义领导者应该体验的经历，并尽可能为领导者提供这样的经历，但我们认为应该更广泛地看待领导者成长这个问题。对于每位领导者来说，对学习采取开放的态度并意识到每个阶段带来的学习机会是非常重要的。我们知道要做到这一点并不容易。尽管每个阶段都是可以预见的，但是这些阶段对人的心理冲击强度确实不容忽视。即使最聪明、最高效的领导者，也会在面对逆境时提及无法预料的局势、人员因素，或者单纯就是运气不好。领导者不愿意承认在造成不利局面的因素中也有他们自身的原因，因此他们不愿自我反省，反而把自己的精力放在寻找替罪羊上（参见《为什么 CEO 会失败》，戴维·多特利奇和彼得·卡伊洛合著）。

这样的阶段听起来也许很"糟糕"，但对你的事业造成伤害的不是这个阶段本身，而是你对这个阶段的反应。你如何与差劲上司相处、如何对待被解雇、如何应对公司被并购，决定了这些阶段对你的影响是积极的还是消极的，以及你是成为强大的领导者还是裹足不前。同样，像第一次担当领导者这样的阶段，会为你提供很好的机遇。有些人会把这个阶段当作学习和成长的机会，而对有些人而言仅仅是得到了一份新工作而已。

基于上述认识，我们来看看本书中列举的各个阶段的三个共同特点。

可预见性

我们描述的这些阶段都是不可避免的。你也许还会不止一次地经历其中的某些阶段。即便是可预见的，它们也是随机发生的，很多时候会让你措手不及。另外，可以预见的是，这些阶段都是生活事件与工作事件、不利局面、未知或多元经历的混合体。

也许你会诧异地发现在这本领导力方面的书里会探讨个人问题。但我们发现，失去所爱的人、离异，以及其他重大的生活事件对于领导力表现和工作效率会产生重大影响。很多个人和组织都会无视这些事件造成的影响，而这样的做法会妨碍领导力的发展。

强烈的冲击

所有阶段都会对情感和认知产生严重影响。例如，在海外工作或者负责一家企业这样的多元化经历会把你推出自己的舒适区。为了有效地应对这些冲击，你需要成长，而成长则意味着改变。如果只是消极地回

应，那么一个这样的阶段就足以毁掉你的事业甚至婚姻。不过也有好的方面，这种冲击会成为促使你成长的不错的催化剂。即便经历一件非常不顺心的事情，如遭到解雇，这种冲击也会促使你改变自己的行为，而这一点可以为你的下一次领导角色做更好的准备。

阶段

这个词本身就带有过渡和转变的意味。一个阶段可以改变你看待事物的观点；可以让你从不同的角度来看待工作和自我；可以激励你学习新技能或者尝试其他行为方法，从而提高工作效率。

1 学习如何让你走向成功

从表面上来看，似乎经历每个阶段都会带给我们两个方向：成功或失败。也许我们在处理重大任务时失策，走向失败；也许我们初次走上领导岗位，迈向成功。但是在现实生活中却会出现这样的情况：似乎我们在朝着某个方向前进，而实际上却走向了相反的方向。处理重大任务时失策也许会促使我们反省，寻求建议，找出导致错误的原因。由此增长的见识反过来却会让我们成为更好的领导者。反之，如果我们初次走上领导岗位也干得很顺手；轻而易举的成功会让我们以为自己的知识已经足够了；傲慢自大让我们不愿意向他人请教问题，不愿意接受新观念，并会妨碍我们在新角色中获得成长。

↘　学习失败：莫莉

莫莉毕业于斯坦福大学的工程专业，她在硅谷担任软件设计师，工作表现得非常优秀。很快她就被视作一颗冉冉上升之星，并被提升为经理。任何人首次承担领导角色都有很多东西要学——设定目标、给予反馈、将自己的定位从普通员工的角色转移到管理者的角色上。对于像莫莉一样年轻的管理者来讲，这是一个艰巨的工作。莫莉在上任后仍然将精力放在她负责的小组所面临的技术问题上。她渴望证明自己，拿出无穷的干劲，每周工作七天，帮助项目团队克服各种重大的技术障碍。莫莉备受称赞，很快被再次提升。

然而，在新的领导岗位上，莫莉的拓展空间很小。过硬的技术能力和勤奋的工作只能让她的晋升之路止步于此。这个岗位要求她委派工作，激励他人——这两项技能正是莫莉不精通的。她从没学习过如何建立和领导团队；在之前的领导工作中，她完全凭借自己的技术才华获得成功。而现在，只有技术已经不够。最终，她把自己和团队成员都逼到了崩溃的边缘。一位下属辞职，其他两位向莫莉的上司投诉她一直让团队连轴转，莫莉本人也变得疏远并难以沟通。距离第二次提升八个月之后，莫莉被解雇了。更糟糕的是，在经历这次事件之后，她对自己的不足仍然一无所知，她宁愿相信自己被解雇是因为运气不好和得不到管理层的赏识。

↘　向成功迈进：戈登

与莫莉相似，戈登也有着强大的技术背景。戈登在一家航空公司担任工程师，他领导一支研发团队研制一种用在飞机上的复合材料。当时，

公司收到了一份征询文件，希望他们能开发军用飞机机翼上使用的复合材料。戈登帮助公司制作了一个提案，为公司带来了 10 亿美元的项目。戈登负责管理设计团队，这对他来说是一次绝好的机会，这也是他头一次管理规模如此庞大的项目。

从一开始，这个项目就似乎注定前景不妙。戈登在人员配备和其他部门的资源配合方面遭遇麻烦。他们一直落后于进度，尽管戈登疯狂地想挽回时间，但还是无法如期完工。公司为这次失败损失了几百万美元，而戈登成了失败首当其冲的责任人。他感觉好像整个公司的人都在为这件事情怪罪他，同时，当地媒体也对公司出现的问题进行了大幅报道，以至于他儿子在学校里也遭到了同学的嘲弄。戈登没有被解雇，但他从公司主楼搬到了其附近的一个小办公室，只负责一个不怎么重要的项目。

起初，戈登对管理层和他的同事们怀着满腔怒火。有几周的时间，他感觉很愤怒，觉得原本是团队的失败，然而大多数的责备都由他来承担。他也考虑过辞职或者找其他工作，但之后他决定要转移自己的注意力。他反省了自己作为领导者存在的缺点。他也总结了自己对这次失败原因的分析意见，写成报告与公司其他人分享。人们对戈登报告所展现的洞察力感到吃惊，因为无论是从管理角度还是从技术角度，这些意见都非常深刻。

一年以后，戈登又搬回公司主楼，接受了一项新任务。获得这样的转机其中有一部分原因是他一直有一群核心的支持者。戈登控制住了自己的愤怒，没让这样的情绪影响自己重要的人际关系。平静下来以后，他发现其实自己确实不必为此大发雷霆。不久，戈登开始向其他项目经理宣讲在自己上次失败中学到的经验教训。几年后，戈登所在的公司签署了一项合同，制造一种民用客机尾翼使用的复合材料。戈登的主管推荐他出任项目负责人，这一次项目取得了圆满成功。

本书的内容

在领导生涯中所要面对的可能不仅限于本书中所讨论的 13 个阶段，但这 13 个阶段是最为常见的。正如上文所谈到的，每个阶段都将用一章来讨论。大多数章节会讨论四个主题：多元的工作经历；工作困境；多元的生活经历；生活困难。在每章中，你都能看到一些生动的案例，以及可以让你最大限度地从中学习的技巧。

前两章将本书的主题置于具体的背景环境之中。我们首先定义有效领导力的构成，并对在各个阶段个人的态度和行为将如何提高或降低自己的领导效率进行讨论。接下来的一章重点阐述人们在经历这些阶段时学习态度的重要性。我们还将讨论一些人如何善于自我认知，而另一些人对自己的真实状况浑然不觉。做一个渴望学习并且有意识的学习者对成为一位领导者至关重要，我们将讨论如何进行这种学习的技巧。

本书的最后两章为个人和组织提出了一些观点。对个人，提出了要具备哪些品质可以使领导者成为优秀的阶段决策者；对组织，提出了一些方法，只要运用这些方法，就可以为处于困难时期的管理者提供支持，并提高管理者在经历这些阶段时获得发展的可能性。

　　在前两章和最后两章之间，有 13 个可预见的、有强烈冲击的阶段。的确，这些阶段可能让人情绪低落、紧张。然而，这些阶段同时具有重大的意义并激发人的思考。本书将指导你顺利度过这些高峰和低谷，并帮助你取得更强大的自我意识和领导技能。

目 录

第1章

有效领导力是什么

苦难的价值是甜美的。

——威廉·莎士比亚,《皆大欢喜》

如果你的目标是成为有效领导者,那么你会具体做什么来实现这个目标呢?

当下有很多领导力方面的书都试图回答这个问题。随便走进一家书店就会发现,研究、思考和著作领导力的作者们大致可以分为两大阵营:一方阵营主张领导力完全与行为相关,如果想成为优秀领导者,就要学习和模仿优秀领导者的关键行为。很多公司开发出这样的能力模型,然后根据这些模型严格地对领导者进行评估和培训。另一方阵营主张领导力完全与性格、价值观、真实性相关。推崇这种观点的公司关注于宣扬公司的价值观并且指引领导者选择正确的方法处理事情。

这两种方法都有效,但都不够完善。由于本质问题,大多数围绕着行为或性格进行的领导力发展的努力只会偶尔奏效。领导者接受相关培训,从新的理念以及做事方法中得到鼓励,然而却依旧要回到没有发生任何变化的公司文化中去。他们会发现很难让自己的领导力保持有效,也很难将在学习环境中的成功经验复制到真正的领导力环境中。

近年来,领导力发展行业呈现出爆炸性的发展趋势,然而与此同时,几乎每个组织都在抱怨领导力人才的匮乏。随着领导力方面的培训项目以及知识的发展,理应有更多的相关人才能够满足组织的需求。而事实上,大多数组织都在叹息根本找不到成熟、有决断力、技能熟练的"现成"的领导者。

这究竟是什么原因呢?

多年以来,我们为世界各地位列《财富》200 强公司中的数百位高管提供过培训、指导和咨询。丹尼尔·戈尔曼认识到情商在有效领导力中的重要性，并阐明"失败的领导者通常都缺乏自我认知"。低效的领导者并不明白自身的动机，也不肯承认自己的弱点；他们不愿反省，失败时不愿承担责任。这样的领导者可能很聪明，有技能，但他们未认清自己。正是这种缺乏自我认知导致他们难以成功，尤其是在他们面临新的领导力挑战时。反之，高绩效的领导者很清楚自己的强项与短板，他们谈论并思考自己的局限和失败并从中吸取经验。不论在顺境或逆境中，他们都坚持学习、适应并适时做出反应。最重要的一点，在一生面临的个人和职业事件（失业、升职、换公司、所爱的人去世、离婚等）中，他们始终会高度关注自己的感受与行为。

正如对普通人产生的影响一样，这些事件对领导者也产生影响。在经历这些事件时，如果没有用心观察与思考，就减少了自我发展的机会。如果可以保持头脑清醒和心态开放，成为一位持续有效的领导者的可能性就会大大增加。

无效领导力的发展

当然，大多数组织不会从上面提到的这些事件的角度去理解领导力的发展。随着竞争的日趋激烈以及搭建领导人才梯队的需求越来越大，很多公司都开始意识到教练技术、360°评估以及自我意识建立工具的重要性。但是各公司以结果为导向的倾向仍然很严重。这样的领导力发展关注于结果、行为、能力、案例与技能。而领导力事实上是被否定了，领导力中的自我反省、自我怀疑甚至脆弱性都被否定了。每天我们都会

遇到很多将领导力等同于确定性、强硬和无视自我反省的案例。

不管是有意还是无意，在员工经历一些能够影响自己的生活角色和领导角色的重要阶段时，大多数公司都不鼓励他们谈论自己面临的问题，也不鼓励他们寻求帮助。员工可以向上司沟通工作要求、公司政治、冲突、未达成目标或者不合格表现之类的话题。或者和上司讨论在绩效评估中提到的一些具体问题。但是，这些讨论通常都集中在行动而非感受上——集中在他们该怎样解决问题而并非直面他们正在全力对付的深层次的问题。

同样，向自己的上司或导师坦白觉得失败的事情也似乎不太合适。例如，假设珍妮特是一位刚刚被她的新上司从其他公司挖来的顶尖人才。她现在正在苦苦挣扎，试图能够融入新公司的文化和政治氛围。她的上司不惜血本和个人声誉挖她过来，让她向这位上司坦白自己现在的处境，这能容易吗？图 1.1 展示了一个"学习金字塔"（人们在组织中的学习方式）。

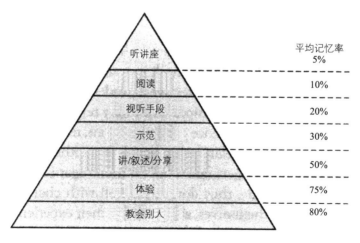

图 1.1 学习金字塔

同样地，对大部分大型公司的高管而言，讨论自己重大人生阶段的经历依旧是一个禁区。每个人都曾经历不同的创伤，而这些创伤成就了自己的外表、性格和信仰。然而在工作中他们不能去讨论这些事情。我们也只是在对高管进行教练辅导时才发现这些个人经历是如此重要，甚至对他们自身和领导力行为都有影响。尤其是男性，他们认为自己要硬撑到底，也不允许家庭问题影响工作。这样带来的结果是大家都压抑着自己的感情，把自己的领导角色从个人角色中剥离出来。这样的剥离自然会渗入工作氛围中，造成虚伪甚至令人怀疑的感觉。例如，很多正经历离婚的高管都通过更努力工作、更频繁出差、更苛刻要求别人、更吹毛求疵来发泄自己的痛苦和愤怒。

经历生活和职业中种种重大人生阶段是需要时间和空间来反思的，然而公司通常都不给员工这样的时间与空间。在大多数公司里，员工不可以停薪留职；不可以停下前进的脚步，哪怕是为了更好地向前走。员工甚至连仔细思考自己是谁、正在做什么的机会也没有。结果可想而知，员工独自面对自己一个个重大的人生阶段，却并不知道这些经历会给自己带来怎样的影响。如果工作上失败了，他们不会承认是这些经历导致了失败。如果自己感到沮丧，他们会强迫自己变得无比坚强、乐观且自信。

虽然这些看起来仿佛是有效领导力的表象，但这些表象代价高昂。当领导者无法认识自己、感知自己时，他们就无法高效。他们无法展现出热情、力量或信念。他们拒绝反馈，看不到自己行为的负面结果，无法应对压力，捕捉不到别人发出的重要信号，而这所有的一切都将给他们的组织带来影响。更重要的是，他们也许无法很好地应对变化。只有当人们认识自己、接受自己的经历和感受、直面自己为人的本性时，才能展现出韧性和适应能力。

1 从重要的人生阶段中学习是领导力发展的一部分

值得庆幸的是，这些重要的人生阶段其实构成了职业发展的路线图。如果你意识到这些阶段并知道怎样度过这些阶段，你将从每段经历中学到很多，而这个过程将帮助你形成有效的领导力。为了便于理解这样的领导力学习和发展是怎样发生的，请参看这个 2×2 的矩阵图（见图 1.2）。

- 处理因自己的原因导致的重大失败
- 和差劲上司或者好胜的同事相处
- 脱离轨道（丢掉工作或者被其他人夺走了晋升机会）
- 被收购或兼并

- 遭受一段重要关系的终结，如离婚或亲人的去世
- 遭受疾病或健康的挑战
- 对体系失去信任
- 面临退休或职业生涯的终结

	事业 工作	生活 人际关系 家庭
困境	在工作中或领导他人时遇到的失败和困难	个人剧变，亲人去世，离婚，生活失去意义
多元	兴趣范围，刺激的项目、任务和角色	生活经历的宽度：生活在独特的地点、家庭、文化背景中

- 加入新公司
- 晋升成为领导角色
- 接受困难的任务或实验性任务
- 跨部门工作
- 在国际化环境中工作
- 进阶成为高管层或承担更大的商业责任

- 生活在国外或者不同的文化背景中
- 将工作和家庭融合成一个有意义的整体
- 放弃野心或欣赏他人的成功
- 在有意义的信条下发展和生活
- 理解和接受自己所拥有的

图 1.2　领导力学习

　　和传统观念不同，领导力的发展其实不仅局限于处理工作中的种种挑战。虽然工作多元化是这个矩阵中的一个象限，其他的三个象限也同样很重要。很多公司慢慢意识到失败是一位好老师。卓越的领导者会从工作和职业发展的挫折中学习；他们面对失败和苦难的时候，除了悲伤，也会从中整合出各种教训；他们努力去让自己结识更多的人、走更多的地方、经历更多的事。

　　多元和逆境相结合组成的经线，和个人与职业经历所组成的纬线相交织，共同推进着领导力的学习和发展。说具体一点，正是领导者本人自发去反思、面对和谈论自己经历的意愿成就了他自身的成长。然而遗憾的是，很多公司都不鼓励反思、交谈和开诚布公。个人方面的象限常常会被忽略掉。工作的挫折，尤其是任何失败，都被否定了。在制订接班人计划（succession-planning）的讨论中或做升职决策时，一个人的失败、挫折、退步也都会被看作丢分项。然而，即便卓越的领导者也会经常失败。尽管有些失败的影响力较大，如一位 CEO 连续三个季度都没有达到行业预测，但多数失败的影响力都较小。通常一个人在一个领域在行，很有可能在另外一个领域就会有所欠缺。例如，领导者也许在掌控技术和财务方面表现出色，但很可能在培养和团结下属方面很失败。

　　从对很多高管的教练指导中我们发现，有些人被不断地提升；他们外在表现出成功的表象，而内心却感到很失败。他们自认不足并且会自我批判，因此他们觉得自己不配取得这些成功。而在每个组织中，你都会发现这样职业生涯成功而内心极为痛苦的领导者。表象和内心之间的鸿沟正在不断地侵蚀他们的意志。

　　身处困境时的经历可以教会我们很多。这是学习的窗口，可以让我

们的情商有巨大的提高。经历一个又一个成功的人在自己专业方面可能变得非常精通，但他绝不会成为一位真正的领导者。相反，那些摔过跟头也取得过成功的人才会从中获得洞察力，从而最终转换成领导效力。

举个例子，当你正在吃力地完成一项艰巨任务时，你会有机会分析为什么这项任务让你做起来如此吃力。也许是因为你还没准备好在不确定的环境下工作，也许是因为你不具备这份工作要求的某项技能。如果你能反思并探讨面对的状况，并坦率地揭示自己的不足，那么你一定会获得对你将来大有帮助的自我认知。你在不确定的环境下工作的效率会更高，或者你会掌握一个新的技能。这样一来，当你再次遇到相似的情况时，你会从容应对或者你知道要去找人协助。

虽然每个人体验到的困境和多元化各有不同，但我们可以预测这些经历的共性并提早做好准备。当你知道自己将面临的阶段时，你可以最大限度地从中学习。仔细观察，你可能会发现，这些阶段都可以归类到矩阵的四个象限中：多元的工作经历，工作困境；多元的生活经历，生活困境。为了让你知道这些阶段是怎样帮助领导者的，让我们来看一位"快车道"（fast-track）管理者的经历，他曾被一位他觉得很差劲的上司搞得陷入脱轨状态。

1 差劲上司是潜在的脱轨器

从顶尖的 MBA 学校以优等成绩毕业以后，菲尔一直光芒四射。他帅气、聪明、有魅力，还有一个在商学院当教授的父亲。毕业以后，他进入一家大型消费品公司，并迅速承担日益重要的角色，也一步一步升职。他之所以得到前两次升职不仅是因为他的工作表现卓越，还因为他很有幸遇到了和他有相似背景的几位上司，并且很快地和他们建立了良好的关系。

后来，菲尔被调去了一个新团队，新的上司叫托尼。托尼是一个难相处的人，也没有得到过高等学位。他之所以能在公司做到这个职位全凭自己的努力工作和来之不易的专长。他很精明，懂得怎样应对办公室政治。托尼第一眼见到菲尔的时候，似乎就看他不顺眼，至少菲尔是这么觉得的。每次菲尔引用一些著名的商界权威的话或者某个商业理论来指导行动的时候，托尼就会毫不留情地驳斥他。托尼告诉菲尔，在当下这个环境里，他的教育和个人魅力一文不值。更糟糕的是，他一直拒绝菲尔的意见，并且标榜自己的团队是"真正的实干家"，还把菲尔排挤在外。他告诫菲尔想要加入残酷的竞争，他还得学很多。

菲尔感到很愤怒，继而认定托尼之所以这么看不惯自己是因为他嫉妒自己优越的背景。当托尼简单粗暴地告诉自己哪里做错了的时候，菲尔根本听不进去。他认定托尼的话毫无意义，也一直想着早晚会找到一份工作远离托尼。

菲尔是对的，至少他认为自己有能力找到另外一份工作的感觉是对的。菲尔加入了一家新公司，这家公司是他的老东家的竞争对手。他的新上司是一位女性。很快，他和新上司之间又出现了问题。菲尔告诉朋友，他的女上司之所以不肯给他应有的提升是因为她讨厌男性。几个月以后，他越过自己的上司，连蒙带骗调去了一个新部门。虽然和新上司相处得不错，他的工作表现却很平庸，似乎再也无法重现往日光芒。

菲尔的问题在于他忽视了"应对差劲上司"这个阶段。这里我们不探讨托尼是不是一个差劲上司这个问题。菲尔在和托尼相处时并没好好反思和交流相互之间存在的问题，也没有坦然接受自己的缺点。如果他当时这样做了，也许就会发现他的问题在于不会和各种背景的人相处。他过分依赖自己的个人魅力和学识，没有付出足够的时间和努力去做好自己的工作。如果他能更好地意识到自己的问题，在日后出现类似情况的时候，他就可以更好地处理。

从个人经历阶段中学习的一个小测试

在下面列出的 13 个个人经历阶段中，你可能已经经历过一些。现在请思考你当时是怎样度过这个阶段的。下面是这些个人经历阶段清单：

- 加入新公司；

- 进入领导角色；

- 接受拓展型任务；

- 承担管理公司的责任；

- 应对该由你担责的重大失败；

- 应对差劲上司和有竞争关系的同事；

- 失去工作或错过晋升的机会；

- 成为公司收购或合并的一部分；

- 在不同的国家或文化中生活；

- 在工作和家庭之间寻求一种有意义的平衡；

- 放弃野心；

- 面对人生剧变；

- 对体系丧失信心。

从上面的清单中选择你曾经经历过的一个。最好选一个近期经历的并且对你个人和职业生涯有重大影响的。然后，针对这个阶段，请回答下面的问题：

当你经历这个阶段时，有没有足够的时间从中抽身出来，仔细思考正在发生的事情？

如果某个事件终结了这个阶段，你有没有反思过究竟发生了什么？你有没有把这个事件放在自己人生（工作或生活）的大背景下去思考，并试图发掘出这个事件在更大背景下的意义？

你在经历这个阶段的时候有没有曾经和别人就此交流过？你们的交流仅仅是关于问题和解决方法本身（发生了什么和你可能怎样解决），还是曾探讨过更深刻的问题：你的感受，你的恐惧，你的期望？

如果该事件产生了负面结果，你是否曾经对自己或者对别人承认自己的失败和不足？

在这个阶段中你有没有学到什么？有没有让你想重新评估一些想当然的看法？有没有让你意识到自己的弱点？有没有让你想学习一些具体的知识或技能？有没有让你能够为更好地应对未来的类似阶段做好准备？

　　如果你像大多数人一样，有几道题的答案是否定的，就好像菲尔，那么在经历这些阶段面对失败时你会变得非常有防御性，并把自己的问题怪罪在别人头上。也许你急于完结这个阶段，期待能逃避应对出现的问题。我们大多数人都没时间和精力，也不愿意去有意识地深度经历这些阶段。然而，这样做可以极大地提高领导力。

　　在思考怎样能够成为更高效的领导者时，我们一般不会考虑去发展更强的自我认知能力或者更高的情商，而会考虑构成高效领导者的传统因素。我们坚信应该获得一些技能——决策能力、战略眼光等——来成为一名强大的领导者。或者，我们坚信赢才是关键，只要能更好地完成工作和取得结果，我们的领导力就更有效。又或者，我们致力于提高人际交往能力，认为领导力就是不断建立稳固的人际关系。

　　这些观点都不错，然而这样的行为只能一点一点地提高领导力的有效性。从本质上说，我们应用技能、取得结果或者建立关系的方法是由我们内心对自我的意识决定的。如果我们对自己的弱点视而不见，就必定会因此栽跟头。也许我们在理想环境下能够很好地建立人际关系，但一旦面临压力，我们的弱点就会暴露并且会破坏重要关系。因为自己没有意识，所以我们也不会从经验中，尤其是重要的阶段中学习。

　　那么，重要的问题来了：这些阶段将如何帮助我们学习那些要成为高效领导者所必需了解的东西呢？希望这本书会带给你满意的答案。

第2章

领导者是怎样学习的

要回答这个问题并且了解人生阶段是怎样帮助领导力学习和成长的，我们需要先定义几个词语。领导力学习分两大类：课堂学习、实践学习。顾名思义，课堂学习关注认知方面的理解、分析案例、聆听其他人的知识分享。虽然高管人员需要了解一些理论和事实来提高工作表现，但仅仅记忆信息也许并不能影响他们的领导力行为，尤其是无法影响情商。因为在线性、认知模式下是无法获得情商的。

第二大类是实践学习——通过做来学。尽管专家对人们如何从经历中学习持不同看法，但绝大多数专家都同意学习会引起行为以及个人与环境互动的改变。具体地说，你经历过某件事，对此有反思并且谈论这件事；你对自己思考和感受的认知就会改变你的领导方式，并让你更好地准备迎接下一个挑战。

是不是所有的经历都这样有用呢？请回想一下，你所经历过的都是各种负面的、多元的、专业的以及个人的经历混合体，而这个混合体催生出有效的领导力。一直重复单一的经历，即便成功经历，也并不能为领导力提升带来好处。尽管重大人生阶段可以提供成为领导者所必需的各种经历，但并非所有经历这些阶段的人都能达到同样好的学习效果。有些人经历了一个人生阶段后升级成更睿智、更高效的领导者，而有些人却没有。所以我们要了解一下当大家学习新事物时脑袋里究竟在想什么。

注释：感谢我们在哈佛大学的同事罗纳德·海菲兹。他贡献了许多技术性和适应性工作中的内情。

态度是怎样影响学习的

通过我们开发的项目，如 CDR 国际公司的行为学习，可以理解实践学习的影响。领导者对新经历的接纳程度有高有低，不过他们都会把这些经历和自己的理念与观点进行整合。

事件可以分成两种：一种是日常重复性的（不需要学习新东西，直接可以用技术解决），另一种是适应性的（需要新的反应、行动或问题解决方式）。图 2.1 解释了为什么有些经历具有更多的可供学习的潜质。

	开放	封闭
适应性 （需要学习新事物）	重大机遇	错过机遇
技术性 （不需要学习新事物）	有限机遇	没有机遇

图 2.1　经历可供学习的潜质

矩阵的上方表现了两种态度。开放态度的人在面对新情境的时候并不知道自己该怎么去反映或处理；在经历过后他们会形成相应的理论或者新的假设。封闭态度的人则会在面对新情境的时候把它套用在预想的理论或者假设中。

矩阵的左侧描述了两种情况：一是我们需要学习新事物（适应性变化）来应对新的情境；二是我们不需要学习新事物也可以有效地应对新的情境。

如果你处在"重大机遇"这个象限里，那么你正在拓展自己，整合新的观点，也很有可能正在改变对自己的认知。拓展性的任务、升职，和前面描述的各种人生阶段都可以称作重大机遇。在重大机遇中，你可以学到很多，也可以通过用新的方式思考和行动获益很多。你会注意关于自己行为方面的负面反馈并考虑改变这些行为。

如果你处在"错过机遇"这个象限里，那么你的学习机会将受到影响。你不会聆听负面的反馈，可能甚至不顾证据矢口否认自己的问题和缺点。你会坚持自己的做事方法。这样的领导者在面临需要强大的适应力的挑战时，如面对下滑的业绩时，仍然会把经营策略建立在自己曾经的成功经验上。

如果你处在"有限机遇"这个象限里，你开放的态度会提供很大帮助。不过，这个挑战并不需要你拼尽全力。你可能正在处理之前成功应对过的任务，感觉很有成就感。但这只是假象，因为你一直在用过往经验的方法来处理相似的事情。在同个职位上做了多年的领导者通常会处在这个象限里：有能力，甚至可以说是精通，但不会继续成长。

如果你处在"没有机遇"这个象限里，说明你已经被自己的经历所束缚。负面的态度加上日复一日的重复任务会扼杀掉你的领导力发展。领导者在经历过频繁裁员、不被升职或者披上愤世嫉俗的外衣后，都变得疲惫和迟钝。他们只会用狭隘的方式和封闭的态度理解领导力。

在一位领导者的职业生涯中，想要进入"重大机遇"这个象限是很难的。因为他不仅会受到所分配任务的制约，还会受到他本人态度和经历的制约。如果你和大多数成功的管理者一样，那么你会发现向自己和他人承认自己并不是理想中那个无所不知、无所不晓、充满自信的领导者，是一件困难的事情。

通过戴维·库伯提出的理论可以用另外一种方法看待这个过程。他提出了一个关于学习的理论（现在被称为库伯学习模型，见图 2.2 ），展现出学习的进程。这个理论也是很多关于人类学习和发展理论的基础。

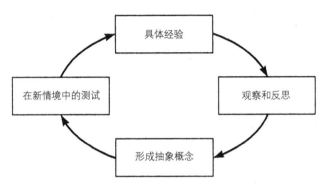

图 2.2　库伯学习模型

库伯的理论认为，在亲身体验之后，人们会从体验中反思，并且从中总结出意义；以这个意义为基础，人们形成关于组织、领导力、自身等概念。从本质上来说，人们创造出一套自己看待事物的理论来解释事物在既定条件下的表现。当你形成了自己看待事物的理论之后，就会检验这个理论的正确性。如果发现这是正确的，你就会从中学习到新的东西。

但是，如果你觉得自己无所不知、无所不晓，就很难形成新的概念和理论，也不会检验这些概念和理论的正确性。相反，你会假定这些事件就像自己曾经成功地处理过的事件一样，于是就会用和以往相同的办法和思维方式来处理。那么，大多数情况下，你都会失败。

1 失败是新的机遇

失败给人们再次学习的机会。任何一种形式的失败都可以让你更认识自己。如果你不是那么抗拒的话，失败会吸引你的注意力，让你学到应该学的东西。可是很遗憾，很多人都不会利用这个学习的新机遇。在和许多大跨国公司合作时，我可以很明确地说，组织都不喜欢失败。所以非常好的学习机会就这样被拒绝或者忽略掉了。大多数大公司都不会给管理者时间去在经历中反思，也不会允许管理者承认自己的弱点。在公司破产、出现问题或者境况不佳时，很多领导者都会（向自己和别人）否定自己的责任。CEO 会将利润下跌归咎于"意外情况"。高管会把天气、消费者行为、货币浮动、定价、对手的恶意竞争或者其他外界因素作为负面表现的逻辑解释。没有哪个领导者会说："我搞砸了。"

然而，如果你渴望坐到领导位置的最顶端，就不能一直去寻找替罪羊来掩盖自己的失败。在为很多成功有为的领导者做教练辅导时，我们发现学习者和落后者的区别在于是否有个人责任感。承认并且表达由于失败所带来的负面情绪，是迈向改变的第一步。

在领导力发展项目中，我们常常会引用 SARA 模型来描述领导者在碰到他们不喜欢的情境时的四种情绪反应。

- 震惊（Shock）：吃惊地意识到自己搞砸了，其他人不喜欢自己，或者没能达到自己或者别人的期望。

- 愤怒（Anger）：因为事情没有按计划进行而愤怒。

- 拒绝（Rejection）：怪罪别人或者别的事情，拒绝接受信息，也拒绝承担责任。
- 接受（Acceptance）：接受自己的弱点，也承认人都会犯错且会有负面的感受。

仅靠自己去消化这些负面的感受是很困难的。让我们来看看下面这些阶段可以怎样帮助你来有效应对并且促进学习。

塑造新身份定位的方法

从某种意义上讲，"领导力学习"是违反直觉的。在《领导梯队》这本书中，詹姆斯·诺埃尔同合著者拉姆·查兰和斯蒂芬·德罗特认为，高管在成为卓越领导者的发展道路上的每个"转型"（如从普通员工到管理者），都是基于自己上一份工作的成功。每次"转型"都需要有新的技能、价值观、时间的磨炼，以及对新角色的充分适应（见图 2.3）。普通销售员工由于自身的技能得到一个升职到销售经理的机会，但管理者岗位的技能要求是和普通员工的要求不相同的。即便如此，他依旧可以依靠带给过他成功的这些技能。这样的情况很正常，但是这会妨碍他以后的学习和成长。他会自然而然地依赖已知的技能并且回避自己不懂的工作。

> 当我看到镜子中的自己时，我意识到霍尼韦尔国际对我的改变要大于我对它的改变。我知道我带来了变化，但这种变化并不是我曾经期待的那样。
>
> ——比尔·乔治，
> 美敦力公司前董事长兼 CEO

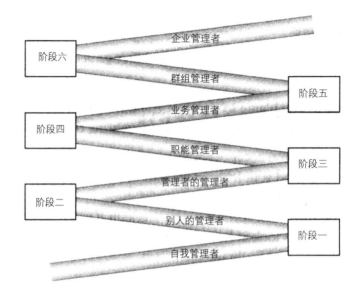

图 2.3　领导梯队

在经历上述这些阶段时，人们会依赖以往行之有效的行为和态度。而这些阶段会挑战我们的自我认定（"我总会成功的"或者"我总能掌控局面"）。在执行复杂任务、在国外生活、所爱的人去世，或者和差劲上司相处的时候，都会有信号告诉我们："你已经离开熟悉的环境了。"要忽略这些提示你"生活已经改变，你也要随之改变"的信号其实不容易。当然，也有人会忽视这些信号。但是每个阶段都带来学习和成长的新机遇，如果能正视它，你一定会显著而有效地提高自己的领导力。

然而，除非你能够放弃以前的假设，否则就无法从这些阶段中学到东西。也就是说，必须承认造就你曾经成功的特性、品质、态度和技能并不一定会让你拥有新的成功；原有的知识体系也不见得适用于新的形势。承认这一点会让你感到脆弱；从一名经验丰富的专业人士重新转变为新手的感觉也会让你感到不适应。这是一个艰难的心理转变，尤其是你也许并未意识到正在发生着这样的转变。在对高管进行辅导时,我们会鼓励那些正在经历重大阶段的高管承认自己的不足,并且准备好学习新事物。

通常情况下,进入新阶段的兴奋和随之而来的繁杂问题会让你无暇顾及学习。例如,你的新任务是提升一项对公司未来非常重要的业务的表现。在高期望和急于证明自己能力的心态的推动下,你觉得你要在一开始就成为这个方面的专家,积极地做到最好。结果,你一头扎进工作中,只关心完成任务,而不回头想想有效完成这个任务的方法以及如何让你在新职位上第一个月带来的价值最大化。像戴尔和强生这样的公司正在着手通过教练辅导帮助处于这个阶段的领导者顺利转型,但他们并不经常这么做。大多数时间,领导者会从自己的上司和导师那里得到一些建议,但这些建议都是从技术层面帮助他们完成眼前的任务的。只有当工作进展不顺利时,他们才会收到真正需要的反馈意见。

> 我在转型期学到了很多关于领导力的知识。这是一种非常好的领导力体验:自己并非无所不知,自己要高度依靠别人来学到有价值的东西。在以前,我亲自做所有的决定,不需要团队的协助。而现在,在新的环境中,即便你已经是一个专家,不请他人协助也是错误的。
>
> ——托马斯·埃贝林,
> 诺华制药公司 CEO

要在每个阶段获得最佳的学习效果,就要放弃自己原有的身份定位。例如,这就意味着不能把自己的身份定位为明星、胜利者或者超级成就者。身份定位的改变是在不知不觉中进行的,很微妙,并且要经历一段时间。但是,这是学习的核心。这可能意味着不能再用配偶来定位自己(如果正在经历离婚),不能用家或者邻居来定位自己(如果准备

搬家到另外一个州或者国家）。只有放弃旧的，才能让你形成新的身份认同——成为一位管理者，成为一位单身人士，或者成为一位外国居民。要形成这样的认同，你需要获得新的技能和信念，而这对学习过程极为重要。

1 逆境可以鞭策学习的一个例子

在最近的一个领导力发展课程上我们认识了安德鲁。他是一个技术奇才——一个在《财富》100 强公司里担任管理信息系统经理，并且干得很出色的精英人士。从很多方面来看，安德鲁都是一个典型的高科技型领导者。他最爱做的事就是让自己沉浸在软件设计中，偶尔离开电脑也是为了和其他技术出色的同事进行观点碰撞。尽管表现得已经如此出色，安德鲁也没有在工作中建立稳固的关系。这并不是因为他不爱社交，而是因为他目标性非常强，所以不想逼着自己去做一些和工作无关的交流。久而久之，同事总觉得安德鲁利用了他们——首先榨取了他们的知识，然后在私事上置若罔闻。

有一天，安德鲁不可思议地发生了严重车祸，导致他身体部分瘫痪。幸运的是，他还活着，在接下来的六个月里他慢慢地恢复。一开始，安德鲁非常郁闷。他自学校毕业就从未停止过工作，现在身体的瘫痪和康复过程让他没办法返回工作中去。更糟糕的是，他两个手腕都受伤了，神经损伤让他没办法打字，他也没办法用电脑工作。那段时间他感觉沮丧，他开始自我怀疑，也开始自卑。

慢慢地，他逐渐从恐惧中走出来。作为康复过程的一部分，他开始认识各种各样受伤的患者，也开始跟他们在感情层次上交流。他们谈论自己的恐惧，也谈论对未来的憧憬。他加入了一个互助组。这个互助组不仅提供一个受了重伤的人们互相交流的平台，也让安德鲁和科技圈以外的人们能够成为朋友。手腕恢复得差不多之后，安德鲁回到了公司，他发现自己变得更愿意与人沟通，也更愿意倾听别人。他依旧热爱着软件设计，但他在同事遇到设计方面的困难时更愿意帮助别人了。在车祸之前，安德鲁除了技术能力之外，完全不像一个团队管理者的人选。重回岗位以后，他却被提升成为管理者，因为他已经学会了帮助他人发展的沟通方式。安德鲁所在的组织把情商作为领导技能的重要组成部分，因此当他很清楚地展现出自己的能力后，他就顺理成章地成为团队管理者的头号候选人。

安德鲁是因为这次意想不到的事故而被迫学习到沟通技巧的。他也充分地利用了这个阶段来学习。通过反思和交流，他更了解自己，这也帮助他转变为一个更新的、更富有效率的人。

失败的价值

从失败的广泛定义来说，在安德鲁的身体局部瘫痪时，他是失败的。尤其是在那段时间，他不仅身体受伤，自己拥有的技能和知识也无法帮助他度过困境。安德鲁原本可以选择在失败中停滞不前。对于很多事业没有按自己的计划和预想发展的管理者，停滞不前是一个非常让人惋惜

的结果。安德鲁原本可以抱怨打乱他工作和生活的厄运，然而他却打开自己，接纳新的朋友和新的可能性。这样，他的失败反而成为促进他改变和成长的催化剂。

大多数获得连续成功的人根基都不牢靠。事实上，作为专业教练，我们可以很快地分辨出哪些高管是曾经经历过失败的，而哪些是一路平步青云的。没有经历过一两次失败的领导者从来都不愿意走出自己的舒适区，不愿意调整自己的身份定位，不愿意让自己更有爱心。这并不是说失败是有趣的或者我们要主动寻求失败。失败很具破坏性。接二连三的失败也会摧毁你的职业发展，甚至生活。

不过，失败也会让你变得深刻。失败会让你意识到自己容易犯的错误，也会逼迫你重新审视自己。就像安德鲁发现，自己的同理心在经历失败后提高了。在经历失败时，你会获得建立人际关系所需的关键技能，而这样的技能是你在平常一帆风顺的生活中无法获得的。

在我们要讨论的这几个人生阶段中，失败都是其中重复发生的主题。所以首先你得了解失败是怎样帮助你学习的。请完成下面几个练习。

请举出在生活或工作中你的一个重大失败，可以是从婚姻到工作中的任何事情

请尽量详细地描述这个失败。并使用"失败"这个词，用一句话总结出来：

我曾是公司总经理职位的三个候选人之一，但是我失败了，没有当选。

作为一个父亲，我是失败的。我有一个十来岁的孩子，可是我把他逼得太紧，破坏了我们的关系。

请描述一下失败发生后你的第一感受

你有为此怪罪他人吗？你是否表现得好像到了世界末日呢？你有质疑过自己的能力和智商吗？

现在随着时间推移

以过来人的角度思考，请列出这个失败造成的积极的结果。请思考下面几个部分中的影响：

- 你获得的技能
- 你学到的经验教训
- 你建立的人际关系

请描述这个失败对自己产生了什么影响

请详细描述在失败中你的哪些特质和态度得到了发展。对自己做一个"失败前"和"失败后"的分析，注意一下是不是"失败后"的自己更睿智、成熟。

大多数人在经历失败后几个月甚至几年以后才能意识到失败的价值。高管也许会对曾经的失败侃侃而谈，但这样的坦然一定是在失败后的两年而非两天以后。我们的目标是帮你"实时"地意识到失败的价值，这样当你在经历那个阶段的时候，你就可以最大限度地利用这个失败来让它帮助你学习，并成长为一个领导者。

第3章

加入新公司

　　从表面上来看，我们将要讨论的这个阶段看上去是相对简单的一个阶段。毕竟，你之所以能加入一个公司，是因为这个公司需要你，新公司也张开双臂欢迎你。这就像航行时一帆风顺的假象。如果没有做好迎接暴风雨的准备，一定会沉船。

　　记住这一点会很有帮助：这个阶段是过渡期，就像所有的过渡期一样，表象和现实之间有一道鸿沟。更直接地说，所见常常并非所得。不论是对于刚毕业的学生还是经验丰富的管理者，这都是一条颠扑不破的真理。多年前哈佛心理学家戴维·麦克利兰的研究表明，在一生的各个时段，个体会被想要满足成就、力量和归属感的需求所激励。例如，十几岁的少年会被想要被同伴接纳的需求所激励——这是一种归属感的满足，会一直持续到大学时代甚至做第一份工作的时候。年轻人第一次进到公司的时候会被想要被接纳、被融入、被归属在一个团队的需要所激励。他们想要适应公司和文化。之后，这些职场新人就会开始建立自己的职业威信，开始关注实现自己的职业目标。在最终获得提升之后，他们的需求就转化成对力量和影响力的渴望。参见图 3.1"动机分析"。

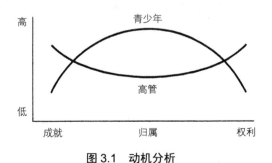

图 3.1　动机分析

　　职场新人在开始职业生涯阶段加入一个新公司时有可能感到失望，因为公司的价值观或许和自己的不一致，要么自己妥协，要么离开。职

场老手加入新公司时也有可能遇到类似的挫折感，除却新公司许诺的升职或者其他成就的机会，他们会发现，其实并不是所有人都期盼他们的入职；他们有时会感受到公司老员工的排斥和敌意，尤其是有些老员工反对从外部招人，因为这样会减少自己提升的机会。

经验丰富的管理者因为自身的态度而遇到的问题可能更麻烦一些。他们加入公司时信心爆棚，也非常清楚自己该做什么。之前我们讨论过，以往的成功常常会封闭住自己的学习通道。这样一来，高管会认为自己已经掌握了取得成功所需要的所有知识和技能，而公司聘用自己就是为了做出变革、提高绩效、改写历史。而最后，他们却走向失败。

就像其他阶段一样，加入新公司意味着面临很多令人生畏的障碍，也意味着拥有许多帮助学习和发展领导力的机遇。要想利用好这些机遇，你需要了解为什么在这个阶段里经历过几周或几个月之后就会让人觉得前景黯淡、困难重重。

离开了熟悉的文化和人际网络

组织和个人都常常会低估从一个公司过渡到另一个公司的困难程度。如果公司花了大价钱聘用了一名关键性人才，它就会希望这名员工在第一天上班时就完全进入状态。尽管会给员工留出一段适应期——通常不超过三个月——公司还是很期待聘用的员工可以尽快表现出色，尽快给公司带来投资回报。通常公司也会认为，既然聘用的这名员工以前在其他公司都可以非常成功，那么他应该能够迅速地进入状态，不需要过多指导就可以胜任工作了。

员工本人也是一样怀着满满的自信加入新的组织，也坚信工作会非常顺利。他满怀期待，认为自己可以继续甚至超越曾经的工作表现。他认为，如果足够努力，再能够利用以往的经验和专长，就注定会成功。

而事实上，不论是组织还是个人都应该从这个错觉里醒悟过来。根据我们的两位同事丹·席恩帕和迈克尔·沃特金斯（他们曾撰写过一本具有开创意义的书：《正确起步：在一个新领导者的位置上负责》）的研究表明，加入新公司后，人们马上就丧失了原来公司所具有的两种资源。

- 对于公司文化的理解。以前他们懂得如何对付不成文的规定和成见，从而把事情完成。

- 人际网络。他们已经建立了人际关系网，可以从中获得信息、创意、资金和人才，这样可以帮助他们克服困难，实现目标。

在新公司建立这两种资源是需要花费时间的；如果没有这些资源，即便最精明、最有成就的领导者也会举步维艰。

如果领导者来自有强大公司文化背景的公司，那么他们面临的问题会更严重。有文

在每个人一生中都会有某个时刻，你对着镜子中的自己问："我是变成了自己想要成为的样子，还是变成了组织想让我变成的样子？"你必须自己决定是否完全委身给这个组织，把自己变成组织期望的样子。如果这样，你就会丢失自己的一部分特质。这个改变不是一蹴而就的，而是像河水冲刷石头一样日久形成的。我想，那些最终委身于公司的人经历的就是这种过程。十年以后，他们幡然醒悟："现在我再也回不去了。我有孩子在念大学。我再也走不出去了，只能提早退休。"

——比尔·乔治，
美敦力公司前董事长兼 CEO

章曾经记载过当通用电气的高管加入其他组织后所遭遇的失败。最近，《华尔街日报》的文章就详细地罗列了通用电气前高管鲍勃·纳德力担任家得宝公司 CEO 后面临的一系列困难。文章指出，他认为曾经奏效的方法也应该适用于现在，于是试图使用在通用电气时的策略解决家得宝出现的问题。然而他没有预料到，这样强硬实施的举措会激怒一些家得宝的老员工。如果纳德力没有充分认识家得宝公司的公司文化，没有建立强大的人际网络，这些就会成为他陷入困境的原因。

纳德力会遇到这些困难其实并不足为奇。在和许多公司合作时，我们发现很多前通用电气的领导者都会觉得加入新的公司挑战重重。在通用电气，员工入职的第一时间就会充分融入公司文化中。新员工会参加灌输公司价值观的入职培训，这种灌输还会在他们的任职期间一直继续。在通用电气，他们会接触特定的工作程序、系统、财务控制、审计和其他复杂的管理工具和技术，而这些在其他公司很少见。

要顺利过渡，你需要抛弃一些已有的知识，并且学习新的知识。但是，要抛弃从通用电气这样的成功公司学到的知识非常困难。强大的公司文化会让员工养成潜在的能够制约自己行为和决策的规则体系，这样的文化不仅存在于通用电气公司。成功的公司利用正式培训、个人导师、升职和解雇等方

求职的时候，不一定非要找名气最大的公司。要找和你的价值观与目标相吻合的公司。虽然在前期很难分辨这一点，但就像我说的，你一定要努力这样去找。霍尼韦尔国际的价值观很好，但是其价值观的运作方式在你加入公司伊始就会让你对自我的价值观再三审视。你的感受和心情也许在一开始的时候会受到不利的影响。

——比尔·乔治，
美敦力公司前董事长兼 CEO

式灌输公司的规则和价值观。加入新公司以后，员工会经历一个类似于加入某个部落一样的仪式阶段。

尽管在美国这种仪式会表现得比较非正式，但在日本，这会是一个正式的过程。在日本，4 月 1 日是应届毕业大学生开始职业生涯的传统日期。在我们观察的一个公司中，毕业生会在会议室集合，身着相似的服装，一丝不苟。然后，公司的管理团队列队进入会议室。公司董事长发表正式的欢迎词，每位管理者都会起立，递给这些职场菜鸟一枚"智慧"象征物。然后，依次按姓名叫这些新人到会议室的前面背诵效忠誓词。我们得知，这才是六个月入门期的开始。如果日本的大多数公司都采用这样的仪式，那么难怪日本员工会对公司有这么强的归属感，也很少会跳槽。

尽管美国和欧洲的公司没有这样正式的入职程序，公司的入职培训也会鼓励员工培养对公司的归属感和认同感。鼓励归属感的项目和政策——从公司会议和聚会到奖励与认可，再到鼓舞士气的培训项目——都会增强员工和管理者的联系。尽管和日本比起来，员工的流动率会更高，但在以前公司学到的东西仍然会在他们身上留下深深的烙印。自然而然地，当员工在入职阶段过程中遭遇新公司员工的抵触时，他们会说："在我以前的公司，我们就是这样处理某某问题的。"这样依赖过去学习的行为不仅让员工没法展开新的学习，也会让新同事不胜其烦。即使最具潜力的员工也有可能在这个阶段受阻，学不到可以帮助他们在新公司取得成功、成长为领导者的东西。

1 助推新旅程

在理想情况下，公司能够意识员工在入职后需要帮助，尤其是之前在具有较强公司文化的公司里工作过的有经验的管理者。在理想情况下，公司可以给新入职的管理者提供指导和过渡项目，让他们意识到即将面临的挑战。也许最重要的是，现在的公司期望领导者帮助自己的下属一起面对可能出现的问题；一旦下属学习新公司的价值观和技能出现问题，就要给他们适当的引导。

但是，由于公司的运营节奏、向上反馈的难度、对已经在其他公司做得很成功的新员工想当然地期待，新员工的上司通常不会提供多少帮助。越是职位高的管理者，越会挣扎于试图在消除文化差异行为和重视文化差异行为之间找到平衡点。尤其是高管会假定其他高管更欣赏通过表现得独立、善于掌控、不相互介入而获得成功，也会假定他们期待新入职的高管能够自己摸索出一条道路。

但是，组织意识到如果没能帮助新人度过这个阶段就会造成损失，于是放弃了原有的观念。布莱德福特·斯马特在《得到顶级雇员》一书中研究了 15 家公司聘用的高层人才，发现其中有 50%在入职后的头两年就离开了公司。失去高层人才的损失是巨大的。因为高层人才的离职不仅会带来财务上的损失（招聘花费的资金），还会带来公司内部员工的焦虑感和挫败感。公司花大力气招募了高层人员，付给他们很高的薪水和奖金福利，然后发起新项目。这些新人让那些与他们合作的员工满怀期待。这些人如果不到两年就离职，无疑会挫伤团队的士气，也会影响公司的业绩。

因此，公司应该积极帮助新入职的高管度过这个阶段；而第一件要做的事就是跟他们分享公司的文化潜规则，帮他们增强自己入职的影响，减少文化冲击。戴尔、华盛顿互惠银行、雅芳、诺华等公司都曾经咨询过我们，请我们帮助他们通过高强度的教练指导和评估帮助新入职的高管快速度过新入职的过渡期和学习期。现在，大多数公司在确定、招募、奖励和解雇高管方面的投入足以让他们在帮助高管快速度过适应期和学习期方面进行类似的投入。在为很多国际公司设计和进行高管入职项目时，CDR 国际公司总结了高管常见的十大公司文化错误，在我们为世界各地数百名高管做咨询和教学活动时也观察到了这些问题。下面这个清单可以用作提醒工具，有助于高管发现每个阶段妨碍学习和进步的行为和态度。

- 过于脱离客户、同事和市场。

- 撒网太大、操之过急。

- 对表现抱有不切实际的期待。

- 带着先入为主的"答案"入职。

- 不能发展良好的信息渠道和公司政治智商。

- 不能和上司合拍或分不清上司任务的优先级。

- 行动不够迅速。

- 无法应对阻力。

- 在从一个阶段过渡到另一个阶段时没有意识到个体差别。

- 无法理解"这里的处事之道"。

在这个阶段，最容易出现的问题有两个：一是无法理解"这里的处事之道"，二是带着先入为主的"答案"入职。那些过度自信、成绩卓著的人常常会犯这两个错误，他们认为自己已经足够出色，完全无须担心处事之道。他们知道在之前的公司处理问题的答案，所以相信自己在应付新问题时同样也有答案。

如果你发现自己也是这么想的，马上评估一下自己。提醒自己其实并不了解新公司的处事之道，也不知道问题的答案。反思，并且多和人交流自己不懂的事。刚入职的前几个月，大多数同事会允许你提一些愚蠢的问题，也会觉得你的工作没有头绪——这被称作"特殊信任"。刚入职的时候大家会给你一定的特殊信任，允许你有不同的表现，并做出改变。你要充分利用这段短暂的时间，抱着开放的态度学习欠缺的知识和技能。

更明确地说，在经历这个阶段时，应该按照下面的五种方法来学习和成长。

确定你的经验和公司目标之间的差距

在招聘过程中，公司高层或者招聘人员向你描述的工作职责或工作目标可能和实际不符。你需要做的是确定两者之间的差距，确定你需要做什么来弥补这个差距。完成这项工作的预算够吗？人手够吗？你进行变革的真正授权有哪些？你的工作背景和技能是不是远远达不到公司的期望？

关注你的上司，学习准确领会他的意图

加入新公司时，上司有可能成为你的生命线，决定你要学习的东西。

如果你处于困境中，和上司谈谈为什么会这样。不要试图用你的观点和经历打动上司，倾听他对你的要求和他认为你该怎么实现这个要求。最重要的是，要认识到你的上司也有自己的优先事件和领导日程，并帮他完成目标。

建立一个在组织内部四通八达的人际联盟

不论你有多聪明或有多少经验，都无法独自度过这个阶段。人际网络不仅会帮助你完成工作，还会带给你大量的学习机会。（关于"人际关联"而非"事必躬亲"的详细信息，请参见戴维·多特利奇和彼得·卡伊洛合著的《应变领导力》一书。）

亲身体会和判断公司文化

不要听信关于新公司的小道消息，也不要完全相信自己获取的关于新公司的信息（或者招聘人员告诉你的信息）。如果听信这些，你可能做出错误的假定。很多高管都因为傲慢地认为自己已经"了解"了新公司，但实际上却没有花时间思考公司的真实情况而导致失败。反思、和别人交流，然后体会和判断公司真实的文化是怎样的。快速建立洞察力和信息来源，尤其是关于公司文化方面的信息来源，这些决定了新领导者是否能够取得成功。

给自己想实现的目标定一个时间计划

新员工刚入职时，都先处于试用期阶段。虽然上司在这个阶段不会对你有过高的期待，但他们也会希望你在一段合理的时间后有所表现。所以，你要确定需要做什么，然后确定什么时候是你展示学习成果和业绩的最佳时期。

诺华公司 CEO 托马斯·埃贝林（他也是我们的同事）在从百事可乐离职加入诺华时，将上面提到的行动准则付诸实践。托马斯在加入诺华公司时以极端专注和干劲十足著称。对于消费品公司，他的这种工作方式非常有效。但是就像大多数医药公司一样，诺华公司也是一个集保守、讲人情、科学决策等特点于一身的公司。如果托马斯加入诺华公司以后同样还是使用自己那套强势的工作方式和策略，那么势必会失败。相反，托马斯连续四年的业绩表现都很出色，大获成功。这要归功于他愿意抛弃旧观念、学习新事物的态度。他变成了更好的倾听者、更富团队精神和更具同理心的领导者。在研究大量业务之后，托马斯发现诺华公司需要的正是这种类型的领导者。

领导力学习中重要的一堂课

在加入一家新公司以后，承认有些东西自己不懂对于自我价值感和自信心很强的管理者来说确实是一个挑战。但是不要忘记，一旦承认这一点会让自己在这个阶段保持开放的心态学到很多东西。首先，你会有机会拓展人际网络，更全面地了解公司文化——无论你在哪个领导位置，这些都很有用。适应新的文化、建立新的人际网络是一门很多领导者都未曾实践过的艺术，对于那些只在一两家公司工作过的领导者来说更是如此。但是，适应能力适用于多种情况和关系，包括客户、员工、合作伙伴关系。

其次，可以增强自己的心理素质，让你在面临其他阶段的困难时可以迅速恢复。我们经常听到领导者在加入新公司后不久就抱怨："这是我做过的最糟糕的决定。"这样他们就陷入了后悔的恶性循环，会因为这个似乎很糟糕的决策苦不堪言。当领导者深陷这个循环以后，他们就会停止学习，转而离开公司。他们不会再相信自己的直觉，开始把精力浪费在自责上。从表面上来看，他们是加入了一家新公司，但实际上，他们的自我观念还是老一套。

在加入新公司后，应该预期自己会产生一种类似于刚买到一件东西后会产生的后悔心态。接受这种心态，把它当作挑战你对新公司的假想和学习新的领导方式的一次机遇。即便在最坏的情形下，如果工作开展得不顺利，你也会为下一份工作准备得更好；你会变得更加坚韧，而这种坚韧只能在逆境中锻炼出来。如果工作开展得顺利，你就已经展现出你适应新同事、新规则、新环境的能力——无论是现在还是将来，这种能力对你的公司和你自己都会非常珍贵。

第4章

进入领导角色

当绩效杰出的员工第一次被提升为领导者、开始管理他人时，他们会同时经历两种转型：一是从独立贡献者转变为管理者，二是从跟随者（或独立贡献者）转变为领导者。

与所有阶段类似，这个阶段也富有挑战性，因为需要学习新技能，建立新的价值观，抛弃原有的习惯。作为一个管理者，你需要很多知识和技能储备。这里有一点需要注意：学习一定要全面。你也许已经学会了一项重要的管理能力——工作授权，但是也许不具备另外一个能力——领导力远见。或者你也许挣扎于在管理范畴的"完成工作"和领导范畴的"人才发展"中找到平衡点。在培训和指导高管时，我们发现刚开始担任领导角色的人会倾向于根据自己的性格关注不同的重点。注重细节的人会关注于执行；而喜欢从大方向着眼的人倾向于关注远景规划。

提升到管理层也是一个微妙的阶段，因为从个人视角转变为团队视角需要在信念上有一个飞跃的过程。在职业生涯中，你头一次被要求通过别人而不是自己完成任务。有些人觉得这个转变非常不自在。例如，很多退役的明星运动员转行做教练，无法理解为什么自己的队员不能按照他们的方式来思考和比赛。再如，初为人父母，当有人需要你的支持和指导，而你为此负责时，你看待事物的整个角度就会发生变化。

我们来仔细研究一下这个阶段，看两位初次担任领导岗位的人的不同处事方式。

> **在我职业生涯中最重要的一个发展经历就是当我第一次走上管理岗位时。那时我开始负责发展、评估和遴选自己的员工——这些工作是无法只坐在办公桌前完成的。这对我自身的成长也非常重要。**
>
> ——鲍勃·格林，
> 太平洋煤气电力公司董事长、
> CEO、总裁

1 新领导者面临的挑战

当你从普通员工转变为管理者之后，需要学习各种新的技能，包括工作授权、承担责任、发展下属、组建团队、定员定岗等。从领导力的角度来看，你要重视依靠团队来完成工作的能力。

抛开在这个阶段将遇到的各种价值观和技能，我们来谈谈在应对新的价值观和技能时所面临的挑战。

↘ 挑战 1：丢掉身份认定

大多数新领导者在刚上任时都热情高涨、劲头十足，因为自己可以不再一味地服从，而且可以领导别人了。然而马上，很多新领导者就会有种错位的感觉。像会计师、工程师、技术专家这样的专业人士会发现自己必须扔掉原有的身份认定，或者至少要淡化自己的身份认定。要做到这一点不容易，即使理性上你知道自己应该这样做。

人们都想要固守曾经让他们取得成功的身份认定。例如，一直沉浸在软件、硬件、系统世界里的技术人员，总会把自己认定为电脑专家或技术大师。然而，作为管理者，首要的职责是处理人的问题，而非软件问题。尽管这位技术人员可能已经掌握了度过转型期的理论基础，但要实践起来仍有很大难度。首先，他要塑造作为管理者的一个全新的身份认定，这个过程很难，因为要抛弃作为专业人士的这个身份认定。对于自己身份认定的丢失，他的反应可能会走入两个极端：一种是事无巨细地管理，另一种是完全放弃自己的管理职责。这样的反应都算是一种应对方式。如果管理者完全不关注自己的下属，就意味着他无须再承担管理者的角色。

↘ 挑战 2：淡视自己的光芒

在过渡到领导角色的阶段中，最容易遭遇麻烦的通常是那些明星级人物——明星销售员、技术天才，或者数字大师。他们曾经的个人才华让自己成为明星，而作为管理者和领导者，仅依赖自己的个人才华是远远不够的。他们的挑战是要变得愿意并且有能力帮助自己的员工成为明星。喜欢站在聚光灯下迎接大家赞誉的人一定很反感这样做。但这个阶段正是在用一种现实的方式拷问一个人是否真的愿意成为领导者。你愿意为了团队的荣耀而放弃个人的荣耀吗？

↘ 挑战 3：在人和任务之间寻求平衡

这个领导力方面简单的要求足以让新领导者感到困惑。很多新管理者觉得领导工作不仅需要花费时间还需要禅师般的耐心和智慧，才能在人和任务之间寻求到平衡。

作为管理者，你不仅需要关注于完成工作，还需要关注于激励员工、发展员工、与员工交流。在一些情况下，想要完成工作，你必须给团队压力，你必须要求员工完成他们以为无法完成的工作量，你也必须在当下暂时忽视他们的需求。而在其他情况下，你可以给员工失败和学习的空间，为了员工的发展、减少员工流失、完成对员工的承诺而牺牲一些绩效。要达到这样的平衡，没有魔法公式可遵循。新领导者常常会发现

自己陷入一个左右为难的境地，不知道究竟是优先考虑人还是任务。

我们来看看下面这两位管理者应对这些挑战的不同方式。

↘ 一路坎坷的单打独斗者：罗恩

罗恩是一名大型制药公司的销售员，他在公司工作的四年期间表现非常出色。罗恩曾是一名军官，他意志坚定、自律、独立意识强，并且很聪明。他很快就喜欢上了销售，上级也很认可他的才干，给他很大的自主权。大部分时间，罗恩都在外面跑销售，联系医师，向他们详细说明自己的产品。他和医生以及医院之间建立了非常好的关系，为自己所在的部门带来了大量订单，自己也获得了丰厚的奖励。

很自然，罗恩想要得到除了奖金之外的更多回报，公司也为此提升他做销售经理。然而，从他开始做经理的那一刹那，他就开始憎恨这个工作。他发现一旦他手下的销售员无法像他过去那样应对各种局面时，他就会不知所措。他不知道该怎样去指导自己的团队，也不知道该怎样给他的员工做反馈。他觉得给员工做绩效评估完全是在浪费时间。和员工去讨论他们认为重要的事情而不是自己布置给他们的重要事情更是在浪费时间。罗恩对自己担任管理角色也感到不自在。每天他都会找各种理由出去跑业务，不愿意待在办公室。他很怀念和医师打交道的日子，也很怀念完成大订单后获得别人认可的感觉，还怀念别人就医学问题向他请教的情景。作为一名坚定的单打独斗者，罗恩没有把自己的感受讲给任何人听。他从没有跟自己的上级抱怨过，他说服自己他能撑过去，认为自己能够逐渐融入新的角色，尤其是在周围的很多人认为成为高效的管理者是进步的必经之路的时候。

最终他也没能融入自己的角色。在得到晋升一年多以后，罗恩就应聘去了另外一家制药公司做高级销售员。他无法面对在原公司"开倒车"的结果，因此只能选择离开。

↘ 勇于改变的个人主义者：丹尼斯

和罗恩同在一家公司的丹尼斯也是一位明星员工，她同样被提升到了管理岗位。丹尼斯之前是一位医师，之所以加入这家公司是想让自己可以在个人生活和医生角色之间找到平衡。她被分到研发团队，由于在对一种化学药品进行早期实验的工作中表现出色，她被提升至管理者岗位。

丹尼斯提升几年后，我们见到了她。我们因为要对管理者进行教练技术培训来到她所在的公司，当时我们正在为这些管理者做 360° 评估。对丹尼斯一边倒的积极评价让我们印象颇为深刻。

她的团队成员一致认为她是一个优秀的沟通者，有很强的同理心。她能够制定清晰的目标，也能够推动大家朝着目标前进。当我们告诉丹尼斯同事对她一致的积极反馈让我们印象很深刻时，她笑着说如果是三年前，我们就不会这么认为了。她说她的第一次 360° 评估结果让自己很震惊。那时，她的同事认为她缺乏人际交往技能，把精力全都放在突破性的研究上了。当她还是一位研究员时，作为研发团队的成员每天都会长时间工作。在刚刚成为管理者时，她也希望自己的团队在他们的项目上保持不懈的工作劲头。结果，在应对"任务还是人"这个挑战中，她做得非常糟糕。她对团队抱有不切实际的期待，造成了下属的挫败甚至抵制，前途一片黯淡。

幸运的是，第一次做的 360° 评估让丹尼斯警觉到，自己初次成为领导者的领导效率很低。丹尼斯的上级很优秀，也重视员工发展。她的上级跟她谈论了她的问题，也给丹尼斯指派了一位外部教练。这位教练帮助丹尼斯意识到了一些自己对于领导力方面的假定，丹尼斯也针对自己是否愿意改变领导方式还是自己更适合做一名研究员认真思考了很久。最终，她认为自己作为领导者能够最大限度给周围带来影响力，她决定努力地在新的角色中学习和成长，并且取得了成功。她试着根据每个员工有意识地调整自己的期望和激励风格。通过学习聆听，她将自己打造成了一位出色的教练。她没有降低团队目标，但真正成为一名优秀的激励者。

公司该怎样帮助新领导者

例如，诺华制药和美国银行等一些公司设立了大量的项目和系统来帮助个人贡献者达到领导岗位的过渡期。还有一些公司，如戴尔和霍尼韦尔国际设立了颇受好评的"双轨制"，这样可以让精于技术的领导者继续发扬他们的技术优势从而得到提升，而并不需要他们承担管理的职能。越来越多的公司都开始意识到这个过渡期的重要性，也意识到自己的员工在这个过渡期会经历一定程度的挫折。而正是这些员工，这些一线的管理者，承担着转换公司策略、传达公司文化、招募公司人才的责任。这些组织明白，过渡期的这些挫折会激励这些新领导者在领导力方面的学习和成长，正因为如此，公司尽可能多地提供给他们学习与成长的机会。很多公司都关注新管理者前 100 天的过渡期领导力项目，并结合反馈和指导来帮助他们。这样做的目的有两个：一是增强他们的自我认知能力，这也是这个阶段的精髓所在；二是提高和增加这些新人成为领导者的成功概率与学习机会。

留心一下你的公司是否为经历这个阶段的员工提供以下资源。

领导技能的发展

这应该是公司能够提供的最常见的资源。通常包括课堂教学，向员工讲述工作授权、交流等技能。根据我们的经验，最好的领导力发展课程是要能够将学习方法、认知信息、情感经历和自我面对融为一体的。一些公司会为新管理者提供行动学习项目，让学员在参与解决重大商业问题时也能学习。

针对新领导者应对过渡期的评估和反馈程序

公司对过渡期进行监控和评估，而不是想当然地认为既然员工被选中做领导者就一定有能力做好。进行监控和评估也可以很简单：对新领导者就他们的表现进行反馈；也可以很正式：教练同新领导者一起讨论反馈，帮助他们做学习计划，帮助他们度过过渡期。教练可以帮助新领导者思考和交流这个阶段遇到的、让他们感到麻烦的价值观和技能方面的问题。

上司的帮助或指导

据说，人们都是从自己的上司那里学到怎样做上司的，而一些公司也非常认同这个说法，鼓励上司指导自己的下属度过过渡期。事实上，更多的公司会评估领导者究竟能否指导好自己的下属，经他们指导的下属有多少人能够获得成功。上司可以通过正式的导师项目或非正式的一

对一讨论等，向员工分享他们经历这段过渡期时的感受，并传授知识。上司可以观察新管理者的行动，就他们感到困难的地方给出反馈。这么做并非让上司扮演救世主，观察下属的一举一动，而是给新领导者提供帮助，尤其是帮助那些挣扎于怎样把新的价值观和技能与自己的工作方式融合的新领导者。

理想情况下，你的组织应该提供给你上述部分或全部资源。不过即便没有，你也可以从这个阶段中学到很多。

我从我第一位上司那里学到了很多。他肯在我身上花时间——很多私人时间，因为那是一家小公司。他把自己曾经学过的东西教给了我。他白手起家建立这家公司。一位年长的、经验丰富的、久经沙场的、保护着你的导师的价值是无法估量的。这会对新人的发展产生极大的推动作用。

——雷·瓦乌特，
通用磨坊公司副董事长

遇到困难很正常

很多人在初次承担领导工作时都会遇到困难。事实上，如果你从个人贡献者无缝过渡到管理者——完全没有困难，对自己的领导能力没有怀疑和担心——那么或者你是不肯承认现实，或者是因为公司的文化对自信太过重视，以至于你不敢承认在过渡期经历的挑战。大多数新领导者在提升的第一年中都会面临一些困难。想要有效地应对这些困难，照下面的做。

思考并讨论你接收到的反馈

对很多人来讲，这应该是他们第一次接受 360° 评估。大多数情况下这些反馈会挑战自己的自我认知。你自以为很了解别人的感受，而你的下属告诉你，你对他们关注的东西并不在意。这时候，不要对听到的内容摆出防卫的姿态，也不要拒绝倾听。反馈并不是对你能力的评判，而是对别人看法的总结。强迫自己想一想大家对你的反馈意见，然后和自己信任的人讨论一下——如你的上司、你的教练或你的导师。

留意自己的直觉

这一点也许看上去有些古怪，但是大量商业领导力靠的都是直觉——这是你在商业学校里或者作为个人贡献者无法学到的。当手头的数据无法让他们做出明确的决定时，优秀领导者都会遵从自己的内心直觉。相反，很多新领导者则会过度依赖数据分析。在初次承担领导工作时，你会常常在应该遵从自己的直觉还是遵从公司文化的期望的两难困境中感到为难。

例如，你感觉应该把一项工作外包出去，但是这个决定会导致工作岗位的减少。或者，公司强调需要在内部完成某些工作，这样可以控制工作完成的过程。这就是一种两难困境，而领导力绝大多数都应用在处理两难困境上（在"正确"还是"合理"中做选择），而不是解决问题。有了经验之后，处理这种两难困境就比较容易了。但是在领导生涯的早期，你却得时刻提醒自己在满足别人的期待时不要牺牲自己的信念。也有很多人在这个过渡期会因为忽视自己的直觉去取悦他人而失败。他们尽力满足上司的期望，或者遵循公司的规范做事，却形成不了自己的观点。而事实上，在这个阶段的一个重要挑战就是：既要支持自己的上司，又要与上司有所不同，有时还要同时做到这两点。有些人尽全力让上司满意来报答上司对自己的晋升，他们由于满足了上司的期望，也许会获得短暂的成功。然而，作为领导者，他们最终会走向失败，因为他们完全没有发展出自己的观点。没有自己的观点，领导者就无法培养出自己

的、出色的远见卓识，而只会沦为平庸浮躁之辈。

花时间来关注人的问题

这一点又回到了选择"任务还是人"这个问题上。大家的习惯性思维是选择关注任务。你希望交出满意的答卷，向每个人证明自己这次的提升是实至名归的。但是，请抵制这种惯性思维。要严格遵循自己制定的进度表和事物的优先级，确保自己有足够的时间和员工进行针对员工发展方面的沟通交流。有时候，花这样的时间好像没有什么立竿见影的效果，但这却是领导力和监管力方面的根本要素。自己也要致力于参加培训、与教练配合工作、留意员工的需求与关注点，并花时间在人力方面相关的学习上。

掌握影响力网络和政治网络

很多新管理者很快就会适应这一点，但很多人对此很排斥。个人贡献者通常会鄙视他，认为那是对别人奉承的行为，也会认为应该根据工作业绩本身来评价员工。这种理想化的观点只适用于理想世界，但是公司这个小环境是整个社会关系的缩影，而非乌托邦。人际网络对领导力的发挥起着至关重要的作用。要了解权力，知道权力来自哪里，了解组织内部的做事风格，在什么方面需要权衡，以及谁具有影响力。建立自己的人际网络，这样你的工作就会获得支持。但这并不是说让你游戏其中，也不是让你阿谀谄媚或者操纵别人。相反，这一点说的是人际网络的学习、人际网络如何发挥作用，以及你怎样才能接入这个网络。

我记得（当初我们准备申请破产的时候）自己与团队的一次谈话。那时我们每周工作六天，每天晚上靠吃中餐过活。我们就手头要做的工作进行了一次

交谈。我说："从现在开始，我们要做好打持久战的准备。"到现在我还记得团队里一个小伙子的表情。我觉得他一定认为我说的意思是以后都要一直持续这样的工作状态。我继续说："这场持久战的长度确实超过我们的想象，然而现在大家都在冲刺阶段，我们不会一直都这样。我希望大家周末能休息一下，我也希望大家能按计划休长假。这并不代表我就不会给你电话，但是你一定不要待在这里。"正像我说的，我也不知道这场仗要打到什么时候。所以我们必须找到一个方法把工作分段，让团队完成。我们把工作分解开，交给团队里的几个关键人物，让他们分头完成。有一段时间，我们每天都会碰头。

——鲍勃·格林，
太平洋煤气电力公司董事长、CEO、总裁

不要滥用权力

对你来说这也许不是个问题，但是在追求速度或效率以及"命令"的名义下，很多提升到管理岗位的人转眼间就变成了最差劲的上司。升职所带来的权力让他们变得更傲慢，他们开始喜欢发号施令，喜欢控制别人，并认为自己永远都是正确的；他们提出无谓的要求，敌视员工，负面行为很多。为了避免滥用权力，我们要始终牢记前面提到的学习矩阵。如果你觉得没什么可学的，那么说明你目前傲慢自大，而此时的你很容易滥用权力。如果你工作时觉得还有很多东西要学习，那么你粗暴滥用职权的可能性就会大大降低。

我们发现，新领导者可以通过学习自己所尊敬的领导者运用权力的方式来恰当地运用自己的权力。他们会看到这些领导者如何游刃有余、避免粗暴的行事方式，以及他们怎样建立人际关系网络，而不是采用华而不实的行为。同样地，研究滥用职权的领导者，从而明白为什么这样的领导方式是错误的也不失为一个好办法。

做正确的事，但不要以为自己始终清楚什么是正确的

这听起来又有点像禅宗悖论，然而关键是对在特定情况下对"哪种行动是所谓正确的"这一点采取开放的态度。一些新领导者太热衷于按照自己的意念行事（与只关注结果的政客相反），以至于因为自己的自以为是而冒犯了别人。做自己认为正确的事固然没错，但是领导者需要知道在正确和错误之间还可能界限不那么清晰。因此，有时"做正确的事"应该修改为"做合适的决定"。表明只存在相对的正确，而绝对的正确是不存在的。

即使一开始很多看法让你觉得不快，也要虚心聆听别人的看法，允许协商和让步。不过，这并不意味着你要一直同别人协商或让步。好的领导者知道应该在什么时候以何种方式为捍卫自己的观点而战。在过渡期，你就要开始学习这些。在为你认为正确的东西而战时，要时刻关注你在别人的眼中和谈论中是怎样的。倾听自己内心深处的真实想法。你是否客观地衡量过其他人的观点和意见？在行动之前，除了自己的想法，你是否考虑过其他人的方案？

我们的管理团队刚刚获得了一个重要的市场胜利，按理应该给我们发奖金。但是时任公司董事长插手说："下面我要做一个重大的决定。"他取消了奖金计划，全公司的人都没份儿。这是一个错误的决定，在公司内部产生了很坏的影响。他不顾我们部门（还有其他几个部门）很好地完成了工作，不分青红皂白地惩罚了全体员工。我认为这不是领导艺术，正确的领导方式不应该是这样的。该批评的地方批评，但不应该惩罚有贡献的人。在我看来，这个决定很让人遗憾。这个决定的直接影响就是，在六个月后，我离开了公司。

——雷·瓦乌特，
通用磨坊公司副董事长

现在的学习会带来将来的回报

很多新领导者完全没有采纳我们的建议就跳过了这个过渡期。他们胁迫别人，他们无视疑虑和不确定因素，他们表现得超级自信，他们取得了不错的工作成绩但忽视员工。如果管理层不够敏锐或者没有注意到这个现象，那么表面上看起来这些人第一次做领导岗位表现得不错，而且保持这个良好势头继续向更高岗位迈进。然而，在过渡期没能学到的东西会在自己营造出来的激励假象中显露出来，最终体现在不佳的业绩上。

近期商业刊物上的这种报道比比皆是：高管惨败收场，因为他们从未学习如何与下属沟通、体会下属的感受，或者因为他们不像真正的领导者，反而像个人贡献者那样事无巨细地管理自己的部门或者公司。安然公司就是傲慢文化的一个典型例子。在公司里，无能的领导者创建了这样一种工作环境：员工必须表现出"明白了"，否则就会被认为是蠢材。这样的"蠢材"会被"分级"，然后按级别"甩掉"（解雇）。正如安然公司这个例子所表明的，傲慢的领导风格是有可能暂时成功的，公司内部也经常会存在不会激励和领导他人的高管。领导力要求领导者能够制定团队的愿景，具备借助团队力量完成工作的能力，具备学习管理自己避免出现问题的能力。而这些人也许从来不知道这些能力的价值。

我们的观点是，在过渡期学到的东西会让你在今后的工作中受益。例如，你将首次有机会在自己的团队中建立团队文化，并且领导变革。

这两点是领导者面对的两项最困难的任务，也许在这个阶段你并不能完全掌控。但是，你可以学到很多相关知识，而这些知识有助于将来你能完成这两项任务。事实上，很多新领导者在初次负责领导变革时都失败了，但他们会反思并和别人讨论自己的失败经历，弄清楚是哪些环节出现了问题，而这些会对他们下一次的领导变革任务提供很好的帮助。

因此，领导力的第二个阶段是你为自己作为领导者的职业生涯打基础的阶段。在这个阶段允许犯错误，但要弄清楚自己犯了什么错误、为什么会犯错误，以及在下一次该怎样改进。

第5章

接受拓展型任务

神话世界里的"阶段"都代表着一个个考验。在神话故事里，英雄需要探究自己的内心，问问自己有没有杀死怪兽或者完成历程的能力。而拓展型任务，比起其他阶段来说，更能够代表这样的考验。当你缺乏关键技能或者必须转变自己的观点时，你有能力丢掉内行的外壳转而变成一位学习者吗？

就像这个词语本身所暗示的，拓展意味着需要走出自己的舒适区。在实践中，你会感觉到被推到自己能力范围以外时的阻力。尽管现在人们都标榜自己需要拓展型任务——对于很多雄心勃勃的管理者，海外工作机会是他们尤其想得到的拓展型任务之——但当理想变成现实的时候，他们的反应就大不一样了。按照字面意思，拓展意味着你缺乏完成这件事情的经验和技能，而这会让你感到吃力和恼火。

拓展的类型有很多种。如果承担一项任务，而你又恰恰缺乏有效完成这项任务的技能、知识或者态度，那么这就是一项拓展任务。例如，从职能经理提升到总经理通常是一项拓展型任务。你将首次需要丢掉单一的职能视角来从整体审视业务。即使最精明、最有经验的职能经理也没法提前为此做好准备，这也是为什么把它算作拓展型任务。（这也是为什么每当新任命总经理之后，公司会处于最脆弱阶段。）或者，由于你的出色技能和突出成就，让你在管理岗位或者职业发展上跳过某个阶段，新工作也会变成一项拓展型任务。

从首次的海外工作任务，到管理一个比以往大得多的团队，或者进入一个全新的职能领域等，都可以称为拓展型任务。并非每次的提升或者担任新的工作都是一种拓展，因为有时你只是需要学习一点新知识或者一些简单的技能就能获得成功。"种瓜得瓜，种豆得豆"，无论是在健身房还是在商业领域，这都是针对拓展型任务的一条真理。我们会发现，有些人能比别人承受更多的痛苦。

拓展型任务所带来的痛苦

拓展型任务常常让人自尊心受挫。即便你在积极地争取欧洲办事处的一个重要职位，或者渴望担任总经理的职位，一旦你真的得到了想要的，也很可能被很多以前不知道的东西弄得猝不及防。需要学习的任务量和需要快速掌控的压力会对你造成各种负面影响。让我们看两个案例：一位在面对拓展型任务时表现得很失败，另一位则表现得很成功。

曾有将近八年的时间，我几乎是每年承担一项新任务。有些任务是职责的转换，有些是部门的转换，而有些则是公司的转换。我认为，正是这些频繁的转换和面临不确定性的需要让我有能力应付特殊的任务。这些任务，让我能全神贯注地完成新的、真正的拓展型任务。

——托马斯·埃贝林，
诺华制药公司 CEO

↘ 柯蒂斯：过度自信

柯蒂斯在商业发展方面才干过人。他所在的公司是国内最大规模的公司之一，而他是公司中的顶级商业发展人才。他有完美的背景——顶尖学校的 MBA，曾在一家顶尖咨询公司有优秀的表现。他在公司已经工作了 10 年，非常出色，也极具潜力。可以说，柯蒂斯在职业发展中没有遇到过什么重大失败。也正因如此，他在被任命为公司主要部门负责人以后，态度傲慢，几近狂妄自大。

新的提升是一项拓展型工作，但柯蒂斯并不以为然。他也许觉得即

便当选美国总统也不会是什么拓展。他极度自信，觉得自己已经掌握了可以胜任任何工作的全部知识和技能。但他不具备关注细节的能力，而新的工作恰恰需要这种能力。这项工作需要做到井井有条，倘若在档案保存或在向分析师和媒体发表声明方面不够警惕，就可能陷入麻烦。柯蒂斯的公司在他上任第一年果然陷入了这样的麻烦中，而原因就在于他过于粗放型的大局观。柯蒂斯的强项是制定开发和拓展市场的策略，向分析师和媒体讲述公司故事，但他没耐心处理预算、财务报表、法律文件和运营计划，也没兴趣学习怎样处理这些细节问题，而这些细节恰恰是对于一个部门负责人最重要的部分。一段时间以后，他的部门面临违规调查，他所在部门也未能实现公司的预期目标。

让人惊奇的是，柯蒂斯在这次事件后不久被另一家公司挖去做CEO。但新的工作需要他在同样的方面拓展自己，因为CEO必须具备在大局观和具体运营细节之间进行转换的能力。柯蒂斯告诉我们，他很认同自己很具大局观念的工作方式。他自己似乎对学习或拓展自身技能不感兴趣。实际上，他已经从逻辑上认定细节问题是属于"别人的工作范围"。不出所料，柯蒂斯的新公司也面临违规调查，他也很快被解雇了。

↘ 查尔斯：克服注意力不集中和心态波动的影响

在40岁之前，查尔斯被任命为一家大公司的CEO。他曾经是一名出色的消费市场营销主任，并以要求别人像他一样努力而著称。查尔斯一直患有注意力不集中症。他的注意力只能集中很短的一段时间，同时情绪不稳定——有时会突然大发雷霆，如果是孩子的话这无所谓，但对于一名业务主任就不合适了。上级指导他如何控制自己的行为，但是，经常在许多同事都获得提升后，他也要证明自己的成熟度才能获得提升。尽管有这些缺陷，但查尔斯交付的工作成果却毫不含糊——公司的收入和收益不断增加。查尔斯出色的能力引起了一家大型公共事业公司董事会的关注。这家公司与查尔斯以往工作或领导过的公司都不一样。它是一家 B2B 的电子商务公司，生产高科技产品并提供相应的服务。在宣布查尔斯的任命之后，新公司的很多员工都对他表示怀疑。

从一开始，查尔斯就感到了多方面的压力。这是他第一次担任一家公共事业公司的 CEO，是他首次在 B2B 公司工作，也是他首次在专注于技术产品的公司工作。幸运的是，查尔斯并没有企图在新公司强硬地推行原来在消费市场营销领域采用的工作方式。尽管他易怒，还患有注意力不集中症，但他知道必须告诫自己不要冲动，他对自己所不了解的东西也没有表现出愤怒或者不耐烦。相反，他意识到，想要取得成功，他还有很多东西要学，于是他集中精力到这个阶段的学习中。每天，他都会花时间学习作为公司领导者所必须掌握的技术知识。他敢于向团队成员承认自己不了解一些东西，并依靠团队帮助自己了解业务工作。虽然查尔斯还是会要求别人像他一样拼命工作，还是会对业绩孜孜以求，但他也愿意调整自己的工作方式。于是，他在 CEO 的位置上干得很出色，自然，他的公司也取得了不俗的表现。

不同的人，不同的结局

查尔斯和柯蒂斯在承担各自的拓展任务时都非常自信，两者的自信心也都是来自以前工作岗位上的出众表现。两个人都存在一定程度的傲慢，也都是易怒的人，他们都要求自己的下属能够拼命工作。可为什么

很多方面相似的两个人在面对拓展型任务时的表现会有天壤之别呢？为什么查尔斯愿意学习新事物，而柯蒂斯却不愿意？

可能的一个解释就是柯蒂斯以前从未尝过失败的滋味，而查尔斯有过一些失败的经历；查尔斯已经意识到自己并非无所不知。也可能因为查尔斯曾是一名蓝领，而柯蒂斯的成长背景却很优越。查尔斯学会了如何克服个人生活中的挫折和障碍，而柯蒂斯却没有。如果柯蒂斯能提早为拓展型任务做好准备，他在工作中应该会有更好的表现。

在拓展型任务中常见的"受伤"

从正面看来，拓展型任务是令人激动的一件事。当你在海外工作、领导整合或收购团队、领导公司、扭转公司的不利局面，或者首次管理大型团队时，都会面临挑战。这是在全新环境中的一项重要任务，你的成功无论是对公司还是自己的职业生涯都有极其重要的作用。

尽管这些工作令人激动，但最初的肾上腺素冲击平静过后，你会开始怀疑自己是否真的能够承担起新责任。而当你开始犯错误，意识到自己并没有"搞清楚"时，你就感到受伤了。受伤的形式是多种多样的。如果清楚这些受伤的形式，你就可以更好地从中学习和成长。当你意识到不是只有你一个人在这个阶段会有这样的反应时——在承担拓展型任务时受伤很正常，对当事人也是有益的——你就能够更好地承受伤害，并从中学到重要的新技能、新知识和价值观。下面是人们在承担拓展型任务时常见的三种受伤感。

感觉自己像一个受害者

"为什么他们这样对我？"这是人们在怀疑自己不适合承担被分配的任务时经常会问自己的问题。当然，他们的感觉是对的。不过，这并不是问题所在。你可能因为领导者不知道你在工作中碰到的麻烦而感到愤怒。你可能觉得自己在不擅长的领域难以做出英明决定时，公司应该帮助自己做更充分的准备。你可能甚至觉得这项任务本身就像一种惩罚。有些人会因为察觉到自己的不足而自责愤怒。

要记得，你感觉"他们这样对我"的想法可能是正确的，因为公司经历本就是一场考验。如果能够成功完成这些考验，你就会有更大的发展并能承担更大的责任。分配给你这项任务的初衷有可能是让你带来更多的商业回报，同时发展你成为一名领导者。不管这个初衷是否显而易见，总之这项任务没有被交给其他人。大家已经给你贴上了标签，认定你是值得发展的员工，这也是为什么是你在挣扎于这项工作的原因。这么说可能只是无效安慰，但是这会带给你自我激励，让你在完成工作的过程中尽可能多地学东西。

察觉到他人的怀疑或敌意

能带来丰厚利益的拓展型任务会受到众人的觊觎，而得不到这样任务的人可能做出过激的反应，从冷漠到明显的敌意。即便没有入围这项任务候选人的人也会表现得很负面，他们会觉得这项任务应该分配给自己部门的人来做，或者由有某种背景的人来担当。不管是哪种情况，你要做好和一群对你表现得不太友好的人一起工作的准备。如果你担任的是在海外工作的任务，其他同事也许会因为你不是本地人或者从来没有在当地工作的经历而排斥你作为自己团队的领导者。通常，这种负面情

绪会持续到你展示出让他们信服的工作能力为止。

克服共事者的怀疑和敌意是一项很不错的学习经历。每位领导者在自己职业生涯的不同阶段都会碰到质疑自己的观众，学习如何有效地在这样的反应下工作是一项值得拥有的技能。在这个阶段中，领导者要学会对自己和他人保持耐心，学会用自己的业绩说话。领导者与其对抗不友好的态度或气馁退让，不如通过努力取得好成绩，去赢得大多数人的支持。

意识到自己不懂很多应该知道的事情

这确实让人很受挫。你会很震惊地发现自己在某些方面与工作的要求存在差距。想象一下你从部门领导者提升成为总经理——这是一项常见的拓展型任务。这是你首次需要突破原有的部门格局，从整体框架考虑问题；这也将首次要求你了解和重视所有的部门。如果你带领着一个营销团队，你会意识到你缺乏工作所需要的财务知识。或者，当你设法解决一个业务问题时会发现自己从来没有全方位地考虑过商业运营，而这恰恰是解决问题的唯一方法。

应对这种情况最糟糕的方法是不懂装懂。在担任拓展型岗位时，很多人常常表现得刻板僵化。他们不去通过提高能力让自己更好地适应工作，反而退回到自己以前做事的方法里。但是，在真正的拓展型任务中，依赖原有的工作方法很少会奏效。即使奏效了，这种工作方法也会让这个阶段的学习目标宣告失败。当你承认自己在某些方面不懂时，这已经是向着自己新的适应能力迈出了第一步。你会更用心地倾听，提出更多的问题，在实践中检验新理论和方法。最终，你会找到高效工作的新途径。这种适应能力会让领导者受益匪浅——不仅是在这个阶段，在职业生涯和个人生活的每个阶段都是如此。

1 如何应对拓展型任务，获得最佳的学习效果

当成功地在一条垂直业务线上工作后，卡萝尔最近被任命为一家大公司的人力资源部负责人。她很善于发展人才，公司的 CEO 也希望提高人力资源部的声誉，即便从经验来看有些其他的候选人更合格，卡萝尔还是成为人力资源部负责人的绝佳人选。公司 CEO 意识到这个工作对于卡萝尔来说是一项拓展型工作，同时他知道发展和挖掘人才是公司面临的两大问题，于是他选择了卡萝尔。我们和卡萝尔配合，帮助她顺利度过过渡期。在一次谈话中，卡萝尔向我们讲述了她在这次任命后学到的三件事情：

- 仅凭经验是不足以完成工作的，所以要相信自己的直觉。
- 评估团队中可以信赖和无法信赖的人。
- 决定自己可以用多长的时间来改变现状，或者选择接受现状。

卡萝尔的观点是正确的。她的第一个观点——相信直觉，是我们在前面就强调过的一条领导经验，在目前这个阶段尤为重要。你会在这个阶段欠缺一些知识和技能，所以会感到混乱和不确定，这时，相信自己的直觉尤为重要。这对很多管理者来讲是一个挑战，因为他们一直都是靠着经验或数据分析来做事的。但在承担拓展型任务时，你没有这么多的信息可依靠。依赖自己的直觉所包含的是一定的自我反思而不是外部分析。你需要思考什么是正确的决定或者行动路线，即使没有有力的证

据来支持这种感觉。暗示自己，自己能够很好地运用直觉；如果不好的话，自己也不会被委派这样的拓展型任务。但不是说每个决策制定都要依赖直觉，如果没有其他方法决定自己该怎样做的话，请相信自己的直觉。

卡萝尔的第二个观点和团队信任相关，它表明直觉只能在一定范围内发挥作用；有时你必须相信在某个领域比你经验更为丰富、专业知识更为扎实的专家。这意味着你需要与团队成员交流——花时间同他们交谈，倾听他们的意见，逐渐了解他们——这样你才能清楚在必要的时候可以依赖谁。有些人是无法信赖的，在这种情况下，要保持距离。我们发现有很多情况，团队成员更愿意按照以前的工作方法做事，完全不支持新来的领导者；他们利用团队领导者在这个阶段相对脆弱的特点，把宝贵的时间浪费到打自己的小算盘上，甚至破坏领导者的努力。如果你在完成拓展型任务时无法信赖自己的团队，就要密切地注意他们的行动，不要指望他们帮助你完成工作。

卡萝尔学到的第三个观点是，培养出能够判断自己何时可以着手开展工作、何时可以做出变革的能力。这是一个复杂的问题，因为至少在初期阶段，根据自己已知的信息是无法确定哪些变革是有必要的。当自己对某件事不了解时，就会很容易依赖现状。当然，即使你判断出变革是必要的，但还在墨守成规或者依赖过去的表现，那么还是一样会失败。如果这时你在组织内部有自己的人际网络，可以

> 我发现了作为非专家的优势，那就是有时你可以发现问题的真髓，并能用新的方法来解决。当无法依赖专家时，我就必须自己学习对各种状况进行比对。收集各种意见，并形成自己的观点，做出更好的决策。
>
> ——托马斯·埃贝林，
> 诺华制药公司 CEO

一起探讨预期的变革以及实施变革的合理性，这会好很多。了解组织内部政治的人可以帮助你评估变革的影响，也可以指导你完成伴随着变革而产生的艰难决策。卡萝尔尽可能广泛地与各式各样的人接触，有时也会得到互相冲突的建议，而这些建议可以帮她认清自己的直觉。

最终，我们可以再加上一条可以有效度过这个阶段的行为方式：作为领导者，你要清楚自己现在的位置、自己的目标，以及如何抵达彼岸。

拓展型工作是弥补自己不足的好机会。拓展的本质就在于你将要完成以前从来没有做过的事情。如果你清楚自己欠缺的技能、知识和价值观，你就可以将精力放在欠缺的这个部分上。如果你不知道自己需要提高的部分，那么学习就会变得无的放矢。在这个方面，你的上司或者教练都可以帮助你更清楚地认识自己的差距。

组织如何提供帮助

有些公司对拓展型任务很重视。例如，卡夫公司被称作"CEO 的摇篮"，其中的原因之一就是公司上下协作，把合适的人放在合适的岗位上。卡夫公司的高管在自己的过渡期会提高适应性、领导力直觉、团队管理技能等，这些都为成为一位优秀的 CEO 候选人打好了基础。多年以来，通用电气一直将其移动通信业务作为检验领导力的试验场地。以通用电气的标准来看，这部分的业务算是小型业务（10 亿美元），这刚好成为领导者打造自己全副准备的练兵场。我们所知道的至少有两位CEO 是从这里走出去的：约翰·特兰尼——斯坦利公司的 CEO，他从移

动通信公司出来后成为通用电气医疗的 CEO；詹姆斯·迈克纳尼——现任 3M 公司的董事长和 CEO，当时角逐过通用电气的 CEO。对于这两位领导者，早期承担的拓展型任务——管理相对较小的公司，从多部门角度考虑问题，增加收入和利润，在发展与执行、人员与任务之间取得平衡——所有这些都在培养他们逐步承担更多责任，并为未来的成功打下基础。

尽管不是每家公司都有通用电气或卡夫公司这样的资源，但每家公司都可以通过完成下面几条来最大限度地发掘这个拓展阶段的学习效果。

确保这项拓展任务确实可以让当事人得到拓展

对于一个人有挑战性的任务不见得对另外一个人也是如此。仅仅要求人做得更快更努力的工作不见得是拓展型工作。应用有限的知识就能解决的工作也不见得是拓展型工作。对于正在进行接班人计划以及正在选拔领导者的高管，我们建议要根据对方的独特之处以及他的知识、技能与价值观体系来评估分配给他的拓展型任务。应该基于对员工的理解以及员工本人需要被拓展的程度来分配任务。为了使领导者能够发展自身的能力，拓展型任务需要他们进入未知领域，而这又需要对这些领导者采取极其信任的态度。毋庸置疑，要求过高的拓展型任务或者无法实现的目标只会打击领导者的积极性。

为处于这个过渡期的人提供方法和工具

公司应该从通用电气的做法中获得启发，为完成拓展型任务创建一个"学习实验室"。不必用某个具体公司作为试验场所，而可以用复杂的培训过程来达到同等效果。例如，我们前面用大量篇幅讲过的行为学习就是这样一个过程：可以让一组领导者处理一个重大的业务挑战——这就是一种拓展型任务——同时提供培训和学习工具。用这样的方式，即使任务失败了，组织也不会遭受重大损失。要完成行为学习任务，员工必须拓展自己，但即使他们出现重大错误也不会真正危及公司。由于拓展型任务会牵涉公司正在面临的真正问题或机遇，同时由于管理层会检查这些员工的工作情况，他们对待这种任务的态度就会像从事实际工作时那样认真。（参见由戴维·多特利奇和詹姆斯·诺埃尔合著的《行为学习：全球顶尖公司如何实现自身重塑与领导者发展》。）

在选拔需要被拓展的人员时拓展自己的想法

公司常常将拓展型任务的承担者限制为某一类群体，如刚刚开始职业生涯的人或有很大潜力的领导者，因为公司认为只有相对年轻的员工或者具有年轻人活力的员工才会去学习。结果，公司会错过帮助资深领导者学习和成长的机会。在任何公司，即使才华出众的领导者也有可能墨守成规，他们会高效地但重复地做同样的事情。而拓展型任务可以使他们从这种局面中摆脱出来，让他们回到正常的轨道，学习到新的、不同的东西。

在组织的支持下，拓展型任务可以提供领导力发展所必需的各种经历。通过对成功人士的调查和培训，我们发现，只要领导者不故意装出自信，不因此禁锢自己的反思能力，同时有意识地学习新东西，大多数人都能够成功地应对伴随着拓展型任务而来的不利局面。

第6章

承担管理公司的责任

在领导者的职业生涯中，很少有哪个阶段能比出任总经理更让人满足了。我们已经在前几章中提到过这个阶段，因为成为公司的一把手可能是一项延展性任务，会涉及巨大失败的风险，而这一切都会集中在你加入新公司的时间段，并且会同时发生。这是一个非常重要的阶段，所以我们不仅要关注这个阶段积极的一面，也要关注那些不乐意学习的领导者所面对的不利的一面。

可以说，这是一个区分未来 CEO 和冒牌货的阶段。对于后者而言，这个阶段非但不是他们通往更高领导职位的途径，反而会成为他们职业生涯的死胡同。 他们受到权力的诱惑，被傲慢自大所蛊惑，不仅无法达到更高的领导岗位，也浪费了独立运营公司的机会。他们称为梦想的工作机会最后会成为他们的梦魇。

不管在哪个阶段，放手过去的信念与实践，以开放的心态接受新的理念和方法都是很重要的；但是过渡期的性质，使得实现上述做法成了非常艰难的挑战。被任命为公司的领导者，人们会觉得自己已经来到了一个高点；在大多数公司，这类职位都是令人梦寐以求的。当你有了"被选中"的感觉后，就很难表现出谦逊的态度了。根据我们的经验，很多总经理会屈服于傲慢。我们常常会劝诫高管，在他们升至高层的过程中，他们的玩笑会显得更风趣，洞察力会显得更深邃，观点会显得更睿智，这些都是因为没有人会在这些事情上挑战他们。这样的局面也会滋长狂妄和傲慢，甚至让人误入歧途。在到达了漫长职业生涯的顶峰后，你必须意识到，这个峰值只是一种幻象。如果还坚持认为你得到这个职位是天意而不是被任命，那么这个顶峰将会变成悬崖，迟早你会从上面跌落下来。

为了将这些隐喻的警告转换成商业用语，让我们来看看承担管理公司的责任到底意味着什么。

公司领导者的思维方式

因为多年学习和牺牲的积累，人们会被选为领导者来运营公司。对很多人来说，这意味着实现了梦想。大多数管理者牺牲了家庭时间，经历了一周工作七天的日子，还做出过关于工作和人员的艰难决定。当他们被任命为总经理或分部总裁时，他们中的很多人都认为自己已经到达了事业的顶点。作为公司领导者，他们有着非常大的自主权和权力。他们第一次成了拿主意的人。虽然上面还有总部老板，但这些老板一般会给予下属足够的自由空间。在某些情况下，公司领导者也会成为社区的领导者。当公司位于较小的城镇或国外时，总经理可能成为当地的显要人物，如成为通用汽车、IBM、福特或美国银行的大使。社区的人会对他们极为尊重（有时甚至是奉承），他们会受邀成为地方委员会的一员并参与到市政决策中。

我们曾与一位就职于某大公司的高管一同工作过，他曾被派往中国担任总经理一职。作为工作委任的一部分，他住在大宅邸中，外交官会拜访他，还能参加炫目的聚会。在这段成功任期结束之后，他被派往密尔沃基（美国威斯康星州密歇根湖西岸城市）任职。他和太太在那里都经历了强烈的回归冲击。问题不在于新工作本身，而是他们很难接受用他们认为无趣的一种美国城市生活方式，去替代那些逝去的担任总经理时所拥有的声望、待遇和自由。

与以往担任过的职位（以及未来的职位）相比，尽管大多数领导者更享受总经理的位置，但也会有代价。具体来说，为损益负责会是一个重大的改变，因为之前他们的主要决策责任都不涉及盈亏的权衡。另一个同样重要的变化是，之前他们是只负责部分业务的部门负责人，现在要掌管整个公司。正如我们之前所讨论的，这意味着他们看问题的角度要从单一转向综合，他们要选择团队成员、创建文化，成为企业形式上和实质上的领导者。这也涉及建立外部和内部的人际关系。一般来说，部门经理不会参与到与监管机构、社区组织和其他外部实体建立关系。

总经理不仅要有大量的知识和技能，还要具备独特的思维方式。与担任部门经理时相比，他们在评估和发展下属上所花的时间要多出许多。与在单一部门工作时相比，他们必须习惯看得更广，想得更远。他们必须能自如地与各种人交往，如怀有敌意的记者或为公司带来威胁的竞争对手。最挑战的可能还是孤独感，一些客户曾向我们透露过这一点。有些总经理惊奇地发现，在他们的商业生涯中，第一次感受到如此真实的孤独。在这个阶段之前，他们是团队的一部分，身边总有可以信任、可以平等工作的伙伴。正如老话所说的，"责任由我来负"——他们成了那个需要为公司负责的人。公司的财务表现被用来判断他们的表现。与之前的职位不同，他们不能向老板抱怨，也不能抱怨老板，至少不能向之前那样抱怨。他们的老板不会一直在身边，更多的时候像一个在远处的观察者，这也意味着总经理要用不一样的方法来管理上级。

总经理像杂技演员，这可能是他们第一次在公众面前表演。在职业生涯的早期，他们会将注意力放到具体的任务或目标上。就算他们同时

做不一样的事情，他们的责任也仅限于他们的职能范围。而作为公司领导者，他们要为所有事情负责。这是一个领导者必须经历的心理转变。他们必须接受这样的事实，即他们将从一个领域跳到另一个领域，也不会有足够的时间处理每件事。就像杂技一样，优秀的总经理能让所有的球转起来，不过想到要长久保持这样的表现，也是让人受不了的。

最后一点，大多数人在出任总经理时都会认为他们已经为新的职责做好了充足准备。当然，从某种程度上来说，他们已经做过准备。大部分的 MBA 项目都会学习总经理的要求和任务，并让学生对着这个职位所需的技能有一个良好的理解。

部门经理这个职位也会向人们提供不同领域的经验，这些职业对于运营公司也会有帮助。不过，在辅导和教导数百位总经理的过程中，我们开始相信对于总经理这个职位，领导一个职能领域未必是一种好的培训。虽然大部分公司会将部门岗位上最优秀的人才晋升为公司领导者，但这未必是这个阶段最理想的准备方式。

> 首先，做你自己。要专注。不要逃避你的事业。关心客户和你的公司。我见过很多只在意自己职业生涯的人，他们忘记了如何做出艰难的决策。为了真正获得多样性的经验，你就必须在不同的部门、国家和公司运营单位轮岗。只有那样，他们才能说自己具备了很强的领导能力。
>
> ——托马斯·埃贝林，
> 诺华制药公司 CEO

我们的同事拉姆·查兰曾建议过，在让某人成为公司领导者之前，最好的准备方式就是先给他一些"小规模"的总经理工作，如让他经营小型公司，就像我们之前的例子中所谈到的，通用电气利用小规模公司降低培养未来总经理的风险。查兰还提出，管理小型但复杂、独立的公司，如青少年修剪草坪业务（市场营销、薪酬和创收都要兼顾）可能是未来总经理前期培训的最佳方式。优秀的总经理要学会如何权衡，这就要求他能同时关注多个优先事宜，不断地转换注意力和重点，能从全局角度考虑不同决定之间会如何相互影响，并做出决策。

成为无所不知的总经理是危险的

在对 CEO 进行辅导和咨询的过程中，我们特别提到过，对高层展现自信的要求加上缺乏良好反馈的事实，可能会导致傲慢和自大。新上任的总经理要面对之前没有经历过的情形，又没有明确的应对行动（大多数新人都会碰到这种情况），傲慢自大就成了掩体，用来掩盖他不能胜任任务的恐惧。为了防止这种态度，在这个阶段要注意以下常见的危险。

轻视某些职能部门

担任总经理的人往往会对他们从未工作过的职能部门持有偏见。他们认为财务人员就是精打细算的账房先生，或者谈论人力资源专业人员不理解公司的问题，又或者坚信市场营销人员都是喜欢打嘴仗却不做事的人。结果，他们没有学会如何利用所有的部门，让他们和公司都取得成功。他们会过度依赖自己能应付自如或者曾经工作过的职能部门，哪怕这些部门并不能推进业务。因为他们确信这些职能部门对公司的成功是如此关键，他们永远都不能客观地看待其他部门。

缺乏远见，只关注绩效和结果

显然，绩效和业务结果是重要的。如果这是你第一次承担损益责任，

你会很自然地渴望利润、避免损失，这是可以理解的。不同于部门预算或目标，公司的财务计分卡是要给每个人看的，这使得总经理持续地、强烈地注意业务结果。在大型公司中，分部总裁或总经理互相审视对方的结果，参与公开的竞赛来比拼谁更成功、谁更应该得到升职，这样的情况并不少见。

不过，总经理也必须学会平衡硬性指标和更软性的责任，如发展人员和打造公司文化。从长远来看，这些责任和确定战略、驱动目标达成一样，影响着财务基线。公司领导者必须意识到，想要维持强劲的绩效和结果，必须同时应对不同的优先事宜。在有些情况下，他们需要进行取舍，牺牲自己的时间和公司资金来与人们沟通，或者培养下一代的领导者。在此之前，他们可能从来不需要做这样的权衡。如今，在进入新角色后，他们必须学会如何实时地完成这些任务。

未能挑战业务模式

对于那些被强势前任一手提拔，并从他们手中接过工作的公司领导者而言，这一点显得尤为挑战。他们觉得自己应该将导师或前任老板的战略和传统继续下去。如果与已有的规范严重背离，他们会觉得自己不忠诚。然而，挑战现有的公司模型是所有总经理必须经常做的事情。在这个阶段，领导者必须建立自己的观点，创建自己的理论案例。过去，他们只需接受老板的观点即可，但这种做法对于总经理来说是不可取的。对于一些新晋的公司领导者而言，学会质疑他们继承而来的战略或系统是极为困难的，尤其当周围都是一些曾协助前任总经理创造战略或设计系统的人。但是，在这个领导层级以及其他更高的层级，挑战业务模式都是绝对重要的。

公司中的两难现实

在这个阶段中收获最大的领导者——不仅胜任公司领导者的角色，还会继续前行成为卓越的 CEO——会采取与这个职位相对立的价值观和观点，至少初看如此。当提到公司领导者这个职位的时候，首先出现在你脑海中的可能并非重视不熟悉的事务、展现坚持忍耐的心态，以及接受矛盾这些事情，不过这些却正是帮助领导者学习和成长的特质。让我们来看看每种特质，以及它们为什么重要的原因。

重视不熟悉的事务

在很多面向总经理的课程中，我们都会忠告他们，身处公司的最高职位并拥有随之而来的特权，很容易变得麻木。很多新晋总经理会发现，既要自信地挑战系统来推动改变，又要保持谦逊和学习的心境，掌控这种平衡是很困难的。在上任的前六个月，你会发现不管你的知识和技能有多么卓越，都不足以满足这份工作的要求。最优秀的总经理会学习如何建立卓越的团队，因为这正是他们需要的。运营公司需要一个包含各类专家的团队；个人的力量是不可能足够的。与其觉得在某个领域比你懂得多的人是一种威胁，不如将他们招致麾下，给他们权力。他们是能拯救你的人。只要你不觉得受到威胁，而是重视他们超群的知识，你就能应对那些你还没准备好的任务。要记住，重视不熟悉的事务需要你投入时间和有意识的努力。花些时间来反思，你是否真的重视它们。你是否将那些比你懂得多的人拒之门外？当一个有见识的下属建议采用一

种与传统做法相反的方法来行事的时候，你会很愤怒地回应他吗？你有没有发现自己要求团队成员在团队会议上不要"出头"，而当时他们只是指出了你可能不知道的事情？

展现坚持忍耐的心态

这与征服或失败的心态是不同的。前者会造成不真实的期望；你还没有准备好从挫折和障碍中学习，而它们都是工作的一部分。后者是对挫折和障碍的一种常见反应。如果工作变得难以承受且无法做出决定，有些人就会放弃自己并进入失败者模式。"坚持忍耐"意味着有勇气应对工作中的模棱两可和不确定性，就算它们让人觉得可怕。这意味着要有耐心，要相信自己的直觉，就算短期结果并不如你所愿。

我们正在与一位叫蒂姆的高管合作，他正处在从极其成功的前任手中接过公司的过程中。蒂姆是这家公司中极具工作效率的"产品式"人物。他很擅长开发产品及处理公司的财务问题，但是他没什么文化或人员方面的经验。起初，这些问题让他感到沮丧。蒂姆习惯于在面临重大问题时向老板求助，而现在这个人已经不存在了。那些围绕在人员角色周围的模棱两可的问题——选谁加入团队，如何面对那些曾经为企业做出贡献但不再是高绩效员工的"实力派"——是他最难以应对的。他在潜在决策所具有的冲突中苦苦挣扎。如果为了提升团队而解雇那些曾经表现不错的员工，要如何减轻这个决策对它想要建立的激励文化带来的影响呢？蒂姆告诉我们，他从来没想过自己会处理这么多没有简单答案的难题。

对蒂姆来说，不存在具有魔法的解决方案。面对困境，他只有展现出坚韧和坚持努力工作的劲头，才能渡过这个困难的阶段。对于如何运营公司，他也需要发展出一套自己的理论，并结合自己的直觉，使用这些理论来做出决策。

接受工作的矛盾本质

在每个管理层级上发生矛盾的频率都在上升，但在你运营一家公司时，这个问题会变得尤其尖锐。所谓的两难，指的是在需要做出决策时，面对两个具有同样吸引力和负面因素的选择。公司运营中常见的两难情况包括"短期与长期""集权与分权""标准与创新"；大多数的这类情况是无法解决的，只能靠管理，所以总经理必须学会采取相应的行为。例如，公司领导者既要行动迅速，又要具有耐心。在其他管理职位上，行动迅速通常比耐心更重要。不过，在成为总经理之后，他们必须认识到行动可能带来的影响。例如，在蒂姆的学习过程中，因一时冲动而解雇某个员工。鉴于这个行动会影响整个公司，所以这么做是不明智的。公司领导者的行动会被他所处的职位放大，就算从某种意义上来说，解雇某人是正确的；但从公司的角度来看，这么做却是错的。因此，学习何时迅速行动，何时需要耐心，是所有公司领导者需要掌握的一种技能。

最后，还有价值观和结果这对矛盾。如同我们之前讨论过的，对损益的责任迫使总经理专注于结果，不过他们也需要学会用价值观来平衡这一点。为了维持一种文化信仰或准则而牺牲短期利益，是总经理最难做出的决定之一。例如，某个公司面临价格压力，开始丧失利润和盈利能力。总经理需要决定在哪个方面控制成本。其中的一个选择就是增加员工在医疗成本上的自付比例。例如，公司可能为员工支付 80% 的费用，并强调这是一项额外津贴——作为营造"最佳工作场所"氛围的举措之一，让员工有强烈的自豪感。

学会在这些矛盾中有效工作是非常重要的，也是在管理公司这个阶段必须学会的一点。然而，太多的公司领导者更乐于解决问题而不是应对矛盾。他们喜欢看到问题从"待办事项清单"上被去掉。他们喜欢非黑即白的选择——总是将结果置于价值观之上，总是行动迅速且充满自信。在总经理或者更高的领导层级上，最优秀的管理者能找到方法应对矛盾，根据不同的情况，在深思熟虑后做出决定，而不是做出单方面和被动的反应。通过这些做法，他们强化了自己真实的领导风格，让工作可以顺利推进。

晋升是一段旅程

将晋升到总经理看作一段旅程而不是终点，对你是有帮助的。一段旅程意味着转变和成长。如果你将成为公司领导者视为一次静态的经历，那么你将为稍后发生的事情感到震惊。一般来说，在上任三、四或五个月之后，大多数总经理会到达一个不知所措和举步维艰的阶段。在一开始的两个月，他们往往能够说服自己，他们能掌控整个局面，只是时间早晚的问题。然后，现实粉碎了一切。他们永远都不可能掌控整个局面。大量的自我怀疑会在这个时段产生，他们甚至怀疑自己是否具备了成为公司领导者的能力。

有些人确实不适合成为总经理，如果你身处在一个将这个职位看得比其他职位都重要的公司中，这的确是一个很难面对的现实。如果直觉告诉你，自己不适合这个职务——相比损益责任你更倾向于一般工作——那么你就应该勇敢地面对这个现实。我们曾经辅导过的几位总经理，他们只会在私下承认他们不喜欢这个角色。短期来看，这么做可能很困难；在被任命为公司领导者之后，很难去承认自己不能胜任这项工作。不过从长远来看，你和你的职业生涯都能因此受益。

幸运的是，大多数成为总经理的人都自主选择了这个工作。大量的继任计划流程和审核确保能选出合适的人员。通常，总经理候选人都是性格坚强、聪明睿智、精力充沛和高度自我驱动的人。

当你觉得自己在同时处理太多问题，或者需要在很短时间内学习太多东西时，这些特质将让你受益匪浅。如同我们所强调的，帮助人们成功通过这个阶段的是对于新观念、新方法的开放心态。无可否认，这个不寻常的阶段要求你吸收大量的新知识，要求你获取之前不屑一顾的技能。好消息是，如果你能达到公司领导者的层级，你可能就具备了在这个阶段高效学习的能力。这个阶段可能是火的考验，不过相比大多数人，在承受高温炙烤这点上，你已经处在一个更有利的位置上了。

第7章

应对该由你担责的重大失败

下面的这对矛盾就是这个阶段的核心：作为一个领导者，如果你从来没失败过，那么你永远也不会太成功。在他们的职业生涯中，最优秀、最成功的 CEO 几乎都至少经历过一次重大失败。那些败得轰轰烈烈（如在战略上押错宝、投资不再发展的增长渠道、误导了分析家和投资者）的 CEO 常常就是那些之前从未失败过的领导者。正如维珍航空的董事长理查德·布兰森所说的，"对领导者而言，最好的开发途径就是失败"。

有些管理者擅长避开这一阶段。他们只会接受自己能胜任的工作，避免工作中的任何风险。他们的"向上管理"做得不错，也凭借自身的能力而得到晋升。不过，他们也只能前进至此。由于缺乏这个阶段所必需的品质，即韧性、适应力和毅力，这妨碍了他们走向更高的领导岗位。最终他们会发现，正是因为自己从未有过失败的过去，让他们做出了严重误判。在第 1 章的矩阵中，我们指出过在工作和生活中经历逆境和多样性的重要性，而他们就是那些不珍视经历多样性的人。

> 如果你想增加成功的概率，请先让你的失败概率翻倍。
>
> ——老托马斯·沃森

有些高管也冒过险，经历过重大的失败，但他们却没有敞开心扉从这些经历中去学习。在经历这个阶段时，他们的头脑处于封闭状态，没有从经验教训中受益。他们拒绝为失败负责，责备身边的每个人，从未考虑过他们可能从失败中有所学。他们必将会重蹈覆辙。

还有一些很聪明、经验丰富的领导者却任凭失败摆布 。他们非但没有对这个阶段中可学习的经验持开放态度，反而把自己封闭起来，因为他们已经被自己的失败摧毁。他们深信自己的职业生涯就此毁灭，也缺少成为真正领导者所需的条件。他们没有将失败看作特定情形下的结

果，而是把失败个人化，认为自己就是一个失败者。

　　作为一个阶段，重大失败可能很复杂，并会导致很多负面行动。为了帮助你将这个阶段转变为一段领导力发展的经历，你必须透过复杂，看清失败的真相。

1 失败、认知与真相

　　重大失败的形式有很多种。最常见的一种可能就是没有达成重要的组织预期。例如，你被要求负责开发一条新的产品线，而你没有能够在截止日期之前交出产品雏形。或者产品设计存在缺陷，被焦点小组否决；或者只是无法在产生适度利润的前提下给产品定价。又如，你负责的产品引入失败了，或者在担任公司负责人时，销售连续三个季度下滑。老板、董事会或股东认为你需要对这些问题负责，你可能会受到任何惩罚，如无法晋升，甚至被解雇。这些情况在任何公司都会时有发生，但对于亲身经历这些失败的领导者而言，他似乎是第一个也是唯一一个有这种经历的人。

　　重大失败也可以是自我认为的。换句话说，老板或者其他外部人员没有察觉你无法交付任务，可你已经强烈地预感到这一点。你的团队可能遭遇了巨大的竞争压力，或者忍受着市场新秀推出的颠覆性技术，或者仅仅是运气不好。即使没有人因为这次失败而责备你，你还是会自责，你觉得其他人依赖着你，而你却让他们失望了。你可能觉得自己没能实现职业生涯中的某个目标，而且你会因为自己没有做某些必要的事情来实现预设的自我目标而恼火。也许，你是追求完美主义的领导者。因此，在你的眼中，自己永远不够好，成就不够多，不够成功。

想一想是什么导致了失败，也是很重要的。如果你在寻求对领导者来说至关重要的多样性，你会很自然地发现自己身处在这样的环境中，即你不具备有效完成工作所需的全部知识和技能。而这种缺失会导致失败。这不能成为失败的借口，但它确实让你对可以从失败中学到什么有所领悟。你会失败，也可能是违背了公司的价值观，待人恶劣，或者违反了道德规范。在通用电气，和当今的大多数公司一样，由于业务原因而失败的人会得到第二次机会，但因为违背价值观而失败的人则没有这样的机会。

尽管你的行动可能带来重大失败，但情况并非一直如此。你可能只是坏运气的牺牲品，可能在经济衰退到来时接手了公司，或者你的团队或部门遭遇了生产延误、计算机故障、价格压力或其他许多挑战。重大失败也可能是内部政治、竞争对手或许多其他外部因素造成的。

不管失败的形式如何，它都会让我们感到卑微和难堪。公开的屈辱，不管是被解雇、被上司惩罚（或你觉得自己该受罚却没受到惩罚），还

> 我不确定自己是否曾经慢下来想一想，我从领导公司陷入破产、寻求破产保护到摆脱困境的经历中所学到的东西。从领导者的角度我懂得了，对团队的每位核心成员，我要拥有他们的头脑、内心和自信。我要找到一种方法让自己与他们每个人更好地沟通，同时要从团队的角度领导他们。正是这些事情，让我倾注了自己的时间。在申请破产保护之前我就很清楚，需要一支真正愿意以客观结果为目标的团队。我们开过一次会，我要求每个人发言。大家并没有隐瞒自己的疑惑、观点和忧虑。这样的会议是最棒的。
>
> ——鲍勃·格林，
> 太平洋燃气电力公司
> CEO 兼总裁

是被媒体质疑、被专栏作家嘲笑、被在线员工聊天室的评论折磨、在同事面前被迫回答关于糟糕季度业绩的问题——这些情况一定都不好玩。私下的羞辱——那种你让自己和他人失望的感觉——也一样让人难以接受。好消息是，如果你愿意去理解失败的原因，能够从中习得新的知识和技能，那么你就会成长为领导者。

> 我感觉自己拿了一手很难打的牌。我当然不会离开牌桌。我有义务领导公司回归成功的结果。这是我对股东的责任。我知道自己必须用尽可能好的方式来打好这些牌。
>
> ——鲍勃·格林，
> 太平洋燃气电力公司
> CEO 兼总裁

例如，花旗银行的约翰·里德在公司陷入困境后，将公司从危险边缘拉了回来。与银行处于兴旺时期的他相比，这时的他已经成为一个更好的领导者。史蒂夫·乔布斯被迫离开苹果公司，却成为一名更强大的领导者，多年之后再度接手公司。在出售家族持有的杜邦公司股份时，埃德加·布朗夫曼令家族财产损失惨重（之后这些股份的市值翻倍），但这也让他得以投资维旺迪（Vivendi），从而成为音乐界的领袖人物。重大失败能锤炼领导者，让他们具备之前在运营成功公司时所没有的决心和韧性。

考虑到失败的复杂性，人们很容易做错事。让我们来看看在面对重大失败和损失时，领导者常犯的错误。

1 面对失败的三不要

屈辱和尴尬阻碍了我们的学习能力。所以，很多领导者在犯下错误或经历挫折后，没有清醒思考或学到太多东西就不足为奇了。事实上，他们通常的反应有以下几种。我们想提醒你们这些反应方式的具体内容，以及应该如何避免它们。

不要让失败来定义你个人

我们曾经看到过才华出众、晋升迅速的领导者因为一次失败而一蹶不振。发生这样的情况很多时候是因为人们将失败内化，而不是将它看作与个人分离的事件。就算你犯下一个低级错误，也不代表你很傻。应该认识到，无论是谁，只要他的工作时间足够长，总会在其职业生涯中经历一次重大失败。面对失败，你能做的最糟糕的事情就是老想着它，在脑海中一次又一次地回想它，怀疑自己，为自己犯下的错误（或你认为自己犯下的错误）而自责不已。在承认失败并承担责任时，你需要放下它，继续前进。犯错是任何职业生涯中自然且可预测的部分，正确看待它，拒绝让它支配你的领导之路。

在过去的几年中，我们曾与很多原安达信会计师事务所的合伙人一起工作。尽管在这家大公司崩盘时，很多全球合伙人被指认和定罪，但是他们中的绝大部分人对公司的倒闭没有责任，他们也只是事件的目击者而非参与者。不过，部分高管的反应幅度却显示了看问题视角的重要性。那些能够将自己在安达信的角色与自身作为成功、有能力专业人士的身份分离开的领导者，能够快速地前行，抓住其他机会并再次获得成功。遗憾的是，还有一些领导者则无论当时情况是什么样的，都将这些失败个人化，最后导致其在职业生涯的道路上迷失。

不要寻找替罪羊

大部分领导者在经历重大失败后会做出防御性的回应，这是很现实

也很自然的。公司可能口头上会说失败是一次很好的学习经历，但在大多数情况下，公司对失败的态度很残酷。公司承受的业绩压力是如此之大，以至于只有很少的公司能轻易地原谅或忘却失败。与此同时，如果你做出了防御性的回应，就很可能浪费这次学习的机会。如果你因为这次挫折而责备团队或他人，那么你就不太可能审视自己在失败中的角色。你可能让自己相信，自己与这次的问题没有关系，而实际上，正是你促成了失败。即使你确实不对失败负主要责任，责备他人也会妨碍自我反省和承担责任——这是两个很重要的领导特质。抵挡住这种责备他人的本能反应而去消化这些责备。这并不意味着揽下你领导范围内的每件事情。你也不用老想着自己做的错事，否则只会进一步恶化你所处的困境。得体地承担失败责任的方法也是有的。你可以承认自己在哪里做错了事情，解释错误发生的背景，承诺不会让类似的情况再发生；你要展现出自己已经从中得到了教训，并会在今后的工作中应用这些所学。

不要将你的思考局限在事件本身

的确，从错误中有所学，并在今后出现类似情况时采取不同的做法是很重要的。但是，重大失败也是一次对内和对外的学习机会。问问你自己，如果你做了 A 而没有做 B，对于领导者的你而言表明了什么。考虑一下你的做事方式或价值观是如何导致你走向失败的。很多时候，从外部角度检视失败会更容易，你可以精确地界定自己在未来要知道什么、做些什么；而从内部审视则会更困难。这会涉及不光作为领导者，还要作为一个个体你是谁的问题。是你的傲慢自大促成了失败？你善变的天性是否也是其中的一个因素呢？

1 面对失败的四要

在面对重大失败和随之而来的情绪巨变时，为了能从中学习和成长，做一些具体的事情还是有帮助的。我们曾经与一位 CEO 合作，他的失败众所周知且引人注目。我们就暂且叫他乔。他承诺的结果并没能实现。媒体深入报道了他，剖析了他的领导力、决策力和领导风格；公司董事会最终解雇了他。但是，乔是一个聪明、有才能的领导者。他经历了很多领导者阶段，从中学习并成长为领导者。因此，没有理由怀疑他不能胜任 CEO 的角色。只是有一点，他从未真正经历过重大的失败。

可以理解，乔对于被公开罢免感到沮丧，他决心卷土重来。在行动之前，乔对到底哪里出了错做了仔细分析、思考和讨论。他聘用了一名私人教练，帮助他处理由整个事件引起的问题，包括他的过度自信（媒体称这让公司在很多方面受到伤害）。这个过程花了不少时间，但乔现在已经成为一家运营良好的中型软件公司的 CEO。他从失败中振作起来，部分是因为他在被免职后的自我反思。

当失败时，你也应该考虑接下来的四个步骤。

步骤 1：检视那些催化了失败的决定

更具体一些，就是审视那些可能造成了损失、不良业绩或负面结果的态度和行动。就算某一个态度或行动不是最主要的失败原因，也要考虑其对事件结果可能造成的影响。问问你自己，做出这些决定的原因何在。你害怕冒险吗？你是否在某个方面包揽太多？你是否太固执，听不

进团队成员的建议？你个性中的哪些缺陷（请参考戴维·多特利奇和彼得·卡伊洛合著的《为什么 CEO 会失败》一书）可能在压力下呈现出来，并对失败造成影响？

步骤 2：与上司、教练或其他你信得过的顾问讨论这次事件

很多人不肯谈论自己的失败。有些领导者开始相信"失败不是一个可选项"和"谈论失败不是一个可选项"。这样的傲慢并不是领导力，而是否认现实。讨论事情如何误入歧途是很痛苦的，暴露自己的弱点也需要勇气。更令人痛苦的是，你正在与自己尊敬和信任的人交谈，你不想这些人看低你。不过，这样的对话很重要，因为你可以通过它们获得反馈、检视假设、测试猜想，与自身和失败者的角色友好相处。尽管独自反思自己的失败是有用的，不过你也要从外部角度看待失败，这会使你受益。对于如何在未来避免同样的失败，其他人未必会给你多少实用的建议（当然这个也可能发生），但是他们能让你有更多的领悟——你作为领导者是怎样的一个人，你需要如何发展。他们可能提到你的傲慢自大或优柔寡断是失败的原因之一，或者你太过于倚重自己的技术洞察力而没有发展自己的情商。领导者通常会把这些对话放在心上。他们受到失败的激励，愿意以领导者的身份进行学习，这在多年来可能尚属首次。尤其是对那些非常成功的人，失败提供了受教时刻，

> 在职场受挫后，我有了非常清楚的短期、中期和长期目标。朝着这些目标我努力工作，并且真正简化了自己的生活，以便集中精力实现目标。这其中包括我的个人生活、家庭生活、经济生活和企业目标。我真的坐下来，把所有的目标写在一张纸上，决定哪些是重要的，哪些是不重要的，并确定这就是我想主导生活的方式。这几乎就像一次重生。
>
> ——雷·瓦乌特，
> 通用磨坊公司副董事长

因为它是如此令人意外的经历。与睿智的导师或教练之间的对话能帮助人们更好地利用这些受教时刻。

步骤 3：反思在未来你可能在哪些地方有所改变

在分析并谈论自己的行动原因之后，下一个步骤就是反思在今后面对类似情况时，你会如何更有效地做出反应。再重申一下，不要只是从业务或者战略的角度进行反思。思考一下从这次特别的失败中你能学到什么，会让你在其他职位或面临其他决定时也有所收益。实际上，你可能永远不会再碰到经历重大失败时的情况了。但你会发现，很多时候，从这次失败中学到的东西会派上用场。

例如，很多经历过这个阶段的高层都有过过度控制。他们通常处于巨大的压力之下，并且相信只要他们工作够努力，加上自己的专业知识，他们就能让团队或者公司度过困难的挑战。同样地，经过反思，他们发现这种错误的做法正是失败的根源或原因之一。他们意识到如果他们打算成长为领导者，他们必须相信团队，与他们开诚布公，并寻求他们的帮助。毫无疑问，他们在未来会遇到不同类型的问题，基于团队的决策会至关重要。而那时，他们将足够成熟，会利用团队的力量而不是独自一人扛下决策的重担。

就下面的问题向自己提问，可以帮助自己反思从失败中学到了什么。

如果你又遇到了与失败发生前一模一样的情形，你会有什么不同的做法？

为了能采取不同的做法，你要如何改变自己？你是否需要接

纳新的价值观、变得更灵活、在某些方面改变自己的传统方式？

失败让你对自己有了哪些了解？你是否发现自己的固执妨碍了自己前进的道路，或者自己过于在意结果，还是应该将更多的时间和精力花在人员发展而不是业务上？

步骤4：振作精神坚持下去

失败令人萎靡，但那些设法振作精神坚持下去的领导者，能够继续前行。失败让你有被击败的感觉，但是优秀领导者能在这个阶段获得心理韧性，即深挖自己的内心，下决心自己不会被打败（至少从长远来看是如此）。聚焦在需要完成的工作上，集中精力在你最擅长的具体任务上。约束自己的思想，避免一直沉浸在自己或他人的错误中。相反地，强迫自己以失败前的干劲和决心来追求新的目标。如果这听起来像我们建议你给自己打气，你的理解是正确的。优秀领导者具有很强的自我激励能力，擅长在被击败后振作起来。在这个阶段中，你会学习到如果你肯振作精神，就能坚持足够良久，直到下一次有机会证明自己。

公司对待失败的态度所产生的影响

领导者如何应对重大失败很大程度上取决于公司文化和他们所领导的行业。直到最近，有些行业还一直长期保持良好的势头，以至于失败已成为一种反常。在这些行业的一些公司中有一种傲慢，觉得失败只发生在其他公司。结果，任何领导层的失败都被以最严厉的方法对待；人们对于把工作搞砸这件事变得如此恐惧，以至于他们会竭尽所能避免冒险。处于商业周期顶端的公司，如同 20 世纪 90 年代末的互联网公司，也会轻视失败，会在失败到来时准备不足。

尽管几乎没有几家公司在近几年的经济低迷中毫发无损，有些公司对失败仍然抱着傲慢的态度，无法忍受失败。这种态度不仅不现实，也不能让领导者从失败中有所学习，只有一再地拒绝承担责任。

不过，像通用电气这样的公司有着开明的态度。如果失败是与业务相关的（而非关乎价值观），他们会给予人们第二次机会，也会鼓励反思和对话，以营造学习的环境。在通用电气，经历过重大失败的人会被邀请到通用电气位于克劳顿维尔的培训中心，告诉现在和未来的领导者，失败之后生活仍将继续。虽然没有一家公司能在无止境的宽恕错误和挫折下生存下来，但意识到失败是领导周期中很自然的部分，可以增加公司繁荣的概率。基本上，最佳的态度就是，公司能在沟通时用到以下句子："你犯了一个重大错误，但我们仍相信，作为领导者你有美好的未来。花时间和精力从失败中有所习得，以此向我们证明自己。还有就是，不要再犯相同的错误。"

公司经常哀叹，一些最有才能的领导者裹足不前，就算鼓励他们去改变，他们不愿意也不能够这么做。尽管接受了辅导、培训甚至公开的威胁，他们还是拒绝改变领导风格或调整态度。似乎没有什么能促使他们改变，直到他们遭遇失败。失败能让最自信的人动摇，强迫他们检视所有的假设和实践。很多时候，重大失败是一生中仅有的一次改变和成长为领导者的机遇，公司应该创造环境，鼓励人们利用这次机会。

第 **8** 章

应对差劲上司和有竞争关系的同事

大多数领导者希望能在一个有持续性的、理性的环境中工作，在大多数情况下，他们的这种期望可以得到满足。更具体地说，他们希望共事的人能够按照一定的方式行事：遵守文化规范和惯例，遵循被普遍接受的价值标准，诚实准确地进行沟通，行为表现专业。他们通常也会很自然地认为自己的行为也是得体的。

一旦这些期望落空，即使优秀领导者也会觉得难以应对。想一想那个你不喜欢的老板，你想远离或者不加理睬的同事。也许你的老板情绪多变，也许你的同事表面上很友好，暗地里却隐瞒了一些关键信息。你很可能认为他们的行为不合理。在某种程度上，你感觉他们背叛了你，从此之后很难与他们合作。他们可能成为你离开公司、另投他处的原因。

我们将这种经历视为一个阶段，因为大多数领导者在其职业生涯中至少会碰到一次这样的事情。优秀领导者会利用这个阶段来提高自己的领导能力。而低效的领导者则会任由愤怒和自怜的情绪泛滥，他们不会花时间反思或谈论这次情感体验，只会停留在那些即时的、本能的反应。面对这样的局面，优秀领导者决心理解其中所固有的变数，以及自己的行为是如何推波助澜了这些变数的产生。

有个差劲上司或惹人生气的同事绝不像表面看起来那么简单，我们需要了解"差劲"对于不同的人有不同的含义。

关于"差劲"的连续体

区分"差劲"的不同形式有助于我们更好地应对它们。与其对每个差劲上司或差劲同事采取统一的反应，更好的办法是定义每个个体所具

备的"差劲"的程度，从而创建出一个合适的策略，使学习最大化，将与这些个体相关的痛苦最小化。下面这个关于"差劲"的连续体将有助于这一过程。

让人讨厌　　有缺陷　　价值观相悖　　缺乏职业道德

在这个连续体的左端是让我们不舒服和心烦的人。有的老板可能缺乏计划、难以沟通或心不在焉；有的同事可能喜怒无常、喋喋不休，还会做出一些令你讨厌的行为。大多数情况下，这些人同样具有良好的品质，但对你而言，他们的负面行为显得很突出，因此你就会认为他们不好。而实际上，你认为差劲的只是某个行为。

在"让人讨厌"的右侧是"有缺陷"。这不仅是一种有问题的行为或态度，更是他们性格中根深蒂固的一面，并且会成为他们管理和工作风格的特征。这有可能是傲慢自大、完美主义、反复无常，或任何令人不快的品质，但这些品质已经成为他们人格的一部分，并使得别人有时很难与他们相处。你之所以觉得他们差劲，是因为你会受到一个反复无常老板的胁迫，或发现很难与一个很戏剧化的同事一起工作。我们在其他一些书中写过很多有关领导力偏离方面的内容，我们辅导领导者理解使他们偏离正常轨道的因素，告诉他们哪些是他们的职业生涯的"脱轨器"。优秀领导者知道如何与具有这些"脱轨"特性的人有效合作，而且知道如何管理自身的"脱轨器"。

"价值观相悖"是很不好的，这不仅是因为行为或性格的因素，还因为他们所持的价值观与你或你们共事的公司文化存在冲突。例如，价值取向与你相反的上司可能一直关注"任务重于人"（或反之），忽略家庭或外部支持的重要性，他们想方设法在暗中对自己的上司搞破坏，在公开场合羞辱直接下属，对待同事态度粗暴，或者无视公司的惯例和理念。为这样的人工作很有挑战性，最重要的原因是你感觉自己作为人的价值被贬低了，因为那些对你而言很重要的东西被某个权威人士所践踏。尽管你可能信赖"让人讨厌"的人，对"有缺陷"的人保持一定程度的信任，但你很难相信一个"价值观相悖"的人。

"缺乏职业道德"的老板或同事算是差劲到了极点。这种人可能傲慢地违反既定的道德准则、法律以及规章制度，也可能撒谎、欺骗或者暗中操控，自以为凌驾于制约着公众行为的法律之上。为这种人工作或与其共事就如同生活在地狱中一般。你不仅无法就其行为与他们进行交流，还会因为与他们在某个项目上有合作或者支持他们取得成功而产生负罪感。

老板或同事距连续体的右端越近，他们就越难相处。尽管如此，只要你愿意，连续体上每种类型的人都能让你在领导力方面有所学习。

除了连续体，你还要考虑一致性这一因素。为那些行为可以预见的人工作（或与之共事）要容易得多。例如，上司让你生气的方式一直以来都是一样的，那么与那些用不可预见的方式让你生气的人相比，他并没有那么难以相处。

我们曾观察过一名领导者（姑且称他为蒂姆），他在很多方面都是一名出色的老板，但是他的情绪波动非常大。前一天晚上你与他共进晚餐，他显得风趣、坦率、友好，而第二天他就变得冷淡、疏远。他的情绪波动毫无逻辑可言，至少在他的直接下属中没有哪个人能有所察觉，因此他让人难以预测，最终让人无法信任。他的直接下属觉得，无论他

们工作得多么努力，或者做出了多大贡献，蒂姆都不会有恰当的反应。事实上，当他们未能实现目标或者表现不佳时，蒂姆有时还会表现出理解，甚至友善。其他时候，当他处在压力之下，即使下属的业绩不错，他也会狂怒。为帮助人们判断蒂姆的情绪变化，他的秘书曾偷偷地使用手语，用拇指向上或向下的方法来暗示蒂姆的直接下属，这样他们就能知道是该与蒂姆交谈还是躲开为妙。蒂姆的团队学会了如何管理蒂姆——建立控制机制和适应方案，以便完成工作。在公司里存在多重人格和多种工作方式的上司的情况下，采用这种手段并不鲜见。

差劲上司和差劲同事可以有很多种伪装，并不会总像你预期的那样。例如，差劲上司的固有形象是控制欲强、好斗、专横甚至欺负人。但在现实中，大多数上司的差劲并不是在这些点上，尤其是在大型、专业、知识型的公司中，通常是不会容忍公开的欺凌行为的。仅仅因为你的上司不是一个横行霸道的人，并不能说明他在其他层面上的就不差劲。请思考我们曾经碰到过的三个例子。

↘ 马克：不愿承担风险的 CEO

马克是一家中型上市公司的 CEO，他的工作效率低下，要求严格又谨慎，整天生活在财务报告和数据之中，对战略、人员和组织不感兴趣。尽管他擅长建立度量标准、测量进展，但由于他对人员这块缺少兴趣，渐渐地公司的氛围让员工没有动力。在两年的时间里，由于他不愿意承担风险、不愿意关注员工的职业发展或应对未来的需要，一些高绩效员工离开了公司。他这种带有腐蚀性的领导方式所随着时间的推移日益明显，最终，就算他能精准地测算，也无法兑现财务结果。

↘ 马西娅：一个反复无常的上司

马西娅也是一个差劲上司，只是在行事风格上与马克有很大差别。马西娅是一名很有魅力的总经理，最初她将最好、最聪明的人才都吸引到自己的团队中，随后用她顽劣的工作方式疏远他们。马西娅有创造力、性格外向、精力充沛又有趣，但是她将确立的规则和流程视为在环境需要的情况下可违背的"建议"。她对人不够真诚，规避规则，更改确立好的目的和目标，并对此乐此不疲。举行会议时，她会根据自己对形势的观察来邀请或排除一些关键人物。她对人们是否期待她的下一个举动并不在意，有时直接下属会有受挫甚至愤怒的感觉，尽管他们喜欢马西娅在身边，也欣赏她的创造力。

↘ 罗伯特：一个想报仇的上司

罗伯特本来是一个好上司，只是由于某个特定情况才变成了一个差劲上司。在长期担任首席财务官直至六十岁出头之后，罗伯特发现自己正在被新来的 CEO 暗中边缘化和排挤。这名 CEO 不想被罗伯特以年龄歧视为由提起诉讼。于是，他厚颜无耻地招聘了一名首席财务官的继任者，要求罗伯特"教他几招"。罗伯特很生气，甚至愤慨。罗伯特对公司感到愤怒，一想到自己在公司服务了这么长的时间，他就有一种遭到背叛的感觉。公司的这种做法把他想按照自己步调来退休的计划完全打乱，罗伯特本能地开始削弱这位继任者的威信：只肯教他一些琐碎的小工作，封锁信息，不让他参与关键的财务审查。尽管罗伯特表面上对新下属礼貌有加，但私下里却对他怀恨在心，而这种愤恨又会渗透到他对整个部门的领导中。

↘ 差劲同事

差劲同事的类型也各有不同。与你有竞争关系的同事会不择手段地想得到你的位置，或者策划让你在公司里出丑，这些模式化的印象更多的是通俗小说、电视连续剧或电影中的题材，并不是如今专业公司中的现实。通常情况下，差劲同事的出现是因为老板的工作安排使两人或多人对资源、任务或晋升的竞争变得惨烈。有些人的"差劲"很让人不解——前一天他们可能支持你，可第二天他们又变得争强好胜，对你处处保留。由于公司架构、优先事项或角色的变化，今天的同盟者在未来的某一天可能突然变成你的竞争对手。

问题的关键在于，要用相对的眼光看待差劲上司和差劲同事，并根据情境做出应对。不要急于得出结论，不要因为某人的个性激怒了你或你对某一次行动感到生气，就认定他是差劲的人。

你的老板也可能确实是魔鬼的化身，此时你应当立即辞职，但这种情况的概率很小（尽管我们辅导过的很多高管所持的正是这种观点）。你的上司或同事究竟有多差劲、究竟怎么个差劲法，对于这些你要保持开放的心态，这样也给了自己更多的机会去学习这个阶段中能学到的关键领导力。

在战斗或离开之前需要思考的问题

如果你身边有个差劲上司，你的反应可能是冲动地与他对峙或另谋出路。如果你身边有个差劲同事，你可能也有类似的冲动；你也许不会另谋出路，但可能决定避开或者挑战这位同事。（在辅导管理者的过程中，我们对这样的情况已经不再感到奇怪：对某个违背你期望的上司或同事的关注，可能转变成一种妄想，这种情绪会一直被带到家中，没完没了地讨论这些事，甚至成为整个辅导干预的基础。）但是，这些反应没有考虑到前文提及的教训：各种差劲上司、差劲同事之间的差别很大，也经常发生改变。如果在同这些人接触时，你能够想着之前所学到的东西，就可以根据特定的个体或情境来调整你的方法。因此，在采取行动之前请先回答以下问题：

你的上司或同事处在"差劲连续体"的哪个位置？使用我们提供的标准来确定他或她所处的大体位置。

你对上司或同事表现出恶劣行为时所处的背景环境有所察觉吗？换句话说，当时他是否承担了极大的压力或面临个人生活中的困境？也许你的上司刚刚经历了个人不幸，或者他的上司正在给他巨大的压力。他的坏脾气可能属于反常行为或是由暂时性的压力所导致的。几个互不关联的询问就能告诉你这些令人讨厌的行为到底代表了真实的他，还是在某个特定条件下的他。

你是否期望过高？人们将上司视为导师甚至父母，将同事视为知己或亲属，这种情况不在少数。而当这些人没有与预期角色相匹配时，就会被视为差劲的人。事实上，有些上司不会特别如慈父一般，也不擅长做人才的发展者。同样地，我们中的一些人视同事为朋友，信赖他们。因为我们与他们密切合作，相处得也很好，所以我们就认为他们会像朋友一样支持我们，在我们陷入麻烦时给予关注。尽管同事确实可以成为朋友，但在某些情况下相反。他们有自己的日程表和关注点，当我们的需求与这些日程

表产生冲突时，他们可能就不那么友好或帮助我们。这是竞争工作场所的副产品。我们认为这些同事很差劲，而实际上，我们对他们的期望值高得不切实际。

当回答这些问题时，你对自己该采用何种方式度过这个阶段就会有一个更好的认知。例如，假设你觉察自己对上司或同事的期望过高，你可能发现这种做法会更简单些，即自己忍耐一下，等到这种压力有所缓解，他们的行为就会恢复正常。采用这种方式，你就不会过早地离开一位有很多东西可以教给你的上司，或者中断一次富有潜力的合作。同样重要的是，你还可以学习到如何与不在最佳状态的人合作，忍受在一定程度上的差劲行为，而不是基于一次行为就做出仓促判断。

类似地，意识到某个人在"差劲连续体"上的位置并将其行为放到具体的背景环境中，你就可以获得更多信息并据此做出明智决定。如果你有一个"缺乏职业道德"或"价值观相悖"的上司，那么正确的选择可能就是离开公司，而且这对任何领导者来说都是一个很好的经验教训。但是，如果某个人处在连续体的中间位置，即"有缺陷"和"价值观相悖"之间的某一位置，你可能要抱着怀疑的态度，等一段时间来观察事情的进展。你在这些情境下所做出的选择会影响你在这个阶段的学习，因此让我们来看一下你应该学些什么。

差劲上司和差劲同事如何助力优秀领导者

在这个阶段要学的内容还很多，而这些东西并非显而易见。在盛怒之下，从这些被你视为混蛋的上司或同事那里绝对学不到什么东西。在快节奏的公司中，领导者往往会直接跳转到其他人所能承受的"底线"。他们的行为对你决心完成的事情产生了很大阻碍，以至于你认为公司应该立即对他们有所行动。他们做了一些很让人恼火的事情，让你的生活举步维艰，也让你确信从他们那里学不到任何东西。尽管他们可能无法直接教你什么，但他们间接给你的经验也能让你在其他领导岗位上有所受益。具体来说，你可以从这个阶段中学到以下内容。

如何激励自己

直至目前这个阶段，你的工作动力主要还是来自外部。你的上司或团队为你设定了目标，你也达成了这些目标。为了取悦上司或团队的利益，你努力工作。而一个差劲上司让这样的动力荡然无存。通过你的创造力、工作效率或勤奋让他脸上有光，这在你看来是无法接受的。不过，你需要摈弃这种负面思想，努力为自己而不是为他人工作。最好的领导者在出色地完成工作之后会获得内在的满足感。他们对成就工作和实现卓越有一种内在的驱动力。这正是你发展这种内在驱动力的好机会。

领导者在公司中的位置越高，他们就必须更多地发现内在的动力而不是依赖他人的激励。

同样地，人们也需要了解在与令人不安的同事共事时，应该如何激励自己。长期与下属有小摩擦的管理者最终会将大量的精力消耗在内斗上，有时这会危及他们的业务。而公司高层的长期不和，如发生在迪士尼和皮克斯、惠普、戴姆勒·克莱斯勒等公司的著名案例，还有很多其他公司例子，很多时候是因个人而起，却带来了广泛的影响和惨重的代价。最重要的是，长期与他人不和的管理者会发现很难（如果不是不可

能）激励自己为了实现共同的目标与某个差劲同事一起努力工作，有时他们会理所当然地诉诸董事会会议上的吵闹、司法诉讼或其他策略。而优秀领导者为了实现共同的目标，即使与他们讨厌的人共事，也会激励自己努力工作。他们很早就学到了重要的一课，即公司中有各式各样的同事，有些让人喜欢，有些则不是，但是个人的喜好决不能妨碍公司的目标与目的。优秀的政治领袖会不屑于其他一些领导者所持的政见或价值观，但在情势需要时经常会与他们建立联盟。如果不和爆发，或更糟糕，闹到上司的办公室、董事会会议室或媒体上时，结果只能是两败俱伤。

如何在一个你得不到保护的系统中工作

如果你有一位好上司，那么在一定程度上你可以获得保护。说到被保护，我们的意思是指，在真的有需要时，你的上司可以从更高的层面为你提供信息、资源、建议，以及洞察力。在你与公司其他人之间出现问题时，好上司会介入，就他人可能的反应和阻碍给出建议，这通常会使你远离险境。遇到这种情况是幸运的，但这也会阻碍你学习如何在没有保护者的情况下工作。有这种保护的结果就是，你对上司的依赖可能妨碍你独自应对困境，或者构造一个独立的、不包含你上司的人际网络。事实上，我们曾亲眼看见，优秀领导者在其强大的上司离开后，开始举步维艰——因为他的上司不仅是导师，更是他的保护者。

然而，在碰到差劲上司时，我们却经常看到相反的情形，领导者被迫思考如何融入公司。如果遇到问题，需要自己解决。有时通过困难的方式学习公司是如何真正运作的，包括建立联盟、资源分配、政治网络、潜规则，这些都是极为宝贵的。CEO和其他高管本质上是很脆弱的，没有人会保护他们或者替他们出头。要提高效率，他们就必须掌控系统。政治上的精明和强大的社交能力是必不可少的，而人们在有一个差劲上司时才能学到这些技能。

如何避免成为差劲上司或差劲同事

负面例子是最好的老师。如果让老资格的管理者回忆一下共事过程中比较难忘的人，有时他列出的差劲上司或差劲同事的数量要超过好上司或好同事的数量。当我们要求高管在他们领导生涯中挑一次关键性的发展经历时，他们经常会提到某个差劲上司，因为他教会了他们不应当成为什么样的领导者。

我正在接受各种与我类型不同的领导者的辅导。我感觉这是一次负面的辅导。我觉得，这次辅导的目的是迫使我转变为霍尼韦尔国际所要求的样子，而不是帮助我成为一名更为优秀领导者。

——比尔·乔治，
美敦力公司前董事长、CEO

这些人对人们的职业生涯产生了巨大的影响。随着时间的推移，这种影响经常更多地表现为建设性而非破坏性。这个阶段可以帮助领导者认识到上司的"脱轨器"，也使他们更有意识地察觉自身潜在的致命缺陷。除非你事先观察到他人（最好是你的上司）的傲慢自大或过度谨慎的行为所产生的负面影响，否则你很难察觉到自身的相应弱点会对业绩造成怎样的伤害。预先警告就是预先准备；你已经看到上司的"脱轨器"是如何对他的事业造成损害的，因此你不打算再犯同样的错误。差劲上司或差劲同事是一个反面例子，你可以将他们作为参照物，远离会产生反效果的行动或心态。

为充分利用以上三点，我们建议采取下列步骤。

步骤 1：选择一种人际策略来管理人际关系。如果你在工作中一直

对差劲上司或差劲同事怀有敌意，那么你不会从中学到多少东西。因此，你应该选择一种策略来帮助你应对困境。什么都不做当然也是一种选择，但我们还是希望提供一些其他的解决办法。

自问："为什么这样一位特别的老师会在此时出现在我的职业道路上?"将自己与消极者的关系视为一次学习的机会，而不是需要忍受或克服的事情，这会让你以全新的眼光来应对局面，包括改变你的反应和响应方式。用"我能学到什么"来替代"我要如何摆脱这个家伙"。

与你的上司或同事谈论困扰你的问题。在采取这种办法之前，请先依据前面提到的"差劲连续体"。如果你的上司处于连续体右侧较远的位置，那么交谈并不会有什么效果。但如果他处于连续体的左端，并且相对而言是一个通情达理的人，这时同他进行一次推心置腹的交流可能就值得一试了。与一个令你心烦的上司说实话是困难的，但是如果一次坦诚的交流能够减少烦恼，那么忍受一些不舒服还是值得的。

直面你的上司或同事。换句话说，反击。除了交谈，也要传达这样的信息，即你不能接受他对待你的方式，而且事情必须有所改观。与单纯的谈话相比，这种方式的风险更大，但有时人们只有在看到你愤怒或生气之后，他们才愿意考虑改变自己的行为。

直接去找你上司的老板。告诉上司的老板你所面对的问题，要求他介入。这样的行动可能使你同差劲上司之间的矛盾升级到不可接受的程度，你甚至可能被解雇。牢记，公司不会特别回应那些针对差劲上司的申诉。它们常常支持上司而不是他的下属。应对不可忍受的局面也是你必须承担的一个风险。

辞职也是一种选择，但这并非总是最好的选择；如果你有很好的市场价值，你的家庭状况（或者你尚未成家）也允许你辞职去找另一份工作，那么这么做可能是一种正确的选择（尤其是你有一个"缺乏职业道德"的上司时）。我们发现，职场上的情况往往是相似的，有些人会惊讶地发现，在新公司中，充斥着和之前一样比例的负面人物，因为他们一直带着同样的参照系去看人。

步骤 2：自问你对上司或同事的反应对你意味着什么。人们通常只关注上司或同事对他们做了什么，而不考虑是什么导致了对方有如此强烈的反应。当然，有时这样的问题完全与你无关——一个卑劣、严苛的老板对任何人都是卑劣、严苛的。但大多数时候，人们对"差劲"的感受不同，而这通常是因为某个特定关系中的化学反应所造成的。一个喜怒无常的上司可能对无法适应这种状况的直接下属产生重大影响，而另一名直接下属则可能很轻松地适应上司的情绪变化。你与竞争意识超强的同事之间可能存在很多问题，而其他人则不觉得这种强烈的好胜心有什么问题，甚至对这一点表示理解。花些时间反思你对差劲上司或差劲同事的反应，与公司教练讨论你的反应，这可以帮助你更多地了解自己。

请向自己提出以下两个问题：

这个人是否让你回想起过去曾接触过的某个人？

这个人是否让你想到你不喜欢自己的地方？

也许你发现很难与之共事的同事是某一种特定类型的人。如果渴望走到更高的领导位置，你就不能忽视这个盲点。而且你还要特别留意这个盲点，并对其进行管理。想一想为什么你无法忍受傲慢自大的人（也许你本人也存在这种倾向），或者为什么优柔寡断的上司会让你发疯（也许这是因为你是一个没耐心的人）。你对上司或同事的强烈负面反应可

能让你了解到，作为领导者你也有自己的弱点。

步骤 3：确定自己的价值观。也许是因为上司或同事所做的事侵犯了你的价值观和信仰，你才无法忍受他们。他们可能为了快速完成项目而走捷径，或者对直接下属不好。不管具体原因如何，将他们的行动作为你坚定自己信仰的催化剂。优秀领导者有着强烈的信念，而现在就是一个好机会，去思考和巩固你想要坚持的原则。

为何反应是重要的

在碰到差劲上司时，人们通常会为自己感到难过，因为他们感到失望，觉得自己被公司抛弃，或者他们只能在某个权威人士手下受苦。在遭遇有竞争力的同事时，他们会做出愤怒的反应，因为他们感到自己受到了威胁、挑战或伤害。有些人可能大声疾呼，有些人则会默默地承受，但无论哪种情况，情感方面的痛楚都会在他们的反应中占据主导地位。这种反应无助于学习。正如我们在其他阶段中所提到过的，对事业造成伤害的不是事件本身，而是人们对事件的反应。你可以选择伤心痛苦，也可以选择充分利用这样的困境。

这意味着将你的差劲上司或差劲同事视为你前进道路上的老师而非障碍。例如，非常糟糕的老板能教你很多关于信任的东西。当你回想起上司曾破坏过的信任纽带，那种感觉是非常可怕的。如果你对此非常关注（而不是把精力都放在自怜上），那么在自己也成为上司后，你犯同样错误的可能性就会大大降低。

第9章

失去工作或错过晋升的机会

　　这里所指的不是丢掉一份普通的工作或者错过一次你本就没有兴趣的晋升机会。我们所谈的情况是，你为一家公司贡献了 20 年的岁月，而你却要被裁员或解雇。或者，你为一个难得的机会奋斗了一段时间，最终却没有得到。换句话说，这个阶段会涉及职业生涯中的巨大失望感，一种震撼心灵的失望感。尽管这是一种不寻常的体验，但随着公司的重构、重组或寻求机会降低用人成本，这种状况正变得日益普遍。

　　无论是从心理上还是从情感上来看，这个阶段都会使你的决心和适应力承受巨大的压力。对于很多成功的领导者来说，集中思想在自己输给了另一名候选人或被解雇这样的事实上，的确特别困难；这会让人自尊受挫，并且会让他们对自我产生怀疑。同样地，这个阶段也会让当事者感受到极大的愤怒、痛苦和被出卖感，这些情绪会导致领导力发展的止步不前。我们经常会应邀辅导处于这个阶段的高管，因为公司想要"拯救"他们。我们从大量的交谈中得知，这是一个艰难的阶段，有时甚至是情感上的一种折磨。

　　不过，与其他阶段类似，这种特殊的逆境确实会以一种独特的方式使你成为一名更高效的领导者。如果你能做出正确的选择，避免那些过度负面的情绪，你就可以成功地度过这个阶段，成为一名比过去更有可能成功的领导岗位候选人。只要问问詹姆斯·麦克纳尼（3M 公司董事长兼 CEO）、比尔·乔治（美敦力公司前董事长兼 CEO）、杰弗里·卡曾伯格（梦工厂的合作人）、杰米·戴蒙（美国第一银行董事长兼 CEO）、史蒂夫·乔布斯（苹果公司前董事长兼 CEO）以及许多其他的成功领导者就知道了，他们都曾经历过这个痛苦的阶段，但最后他们在其他高级领导岗位上都更加强大、更具洞察力。关键在于，在看待逆境时应该具有正确的视角和洞察力。

反应与反思

为了帮助你获得这种视角和洞察力，来看一下我们在高级领导力项目中碰到的两位领导者，他们都在近期进入这个阶段。

↘ 艾伦的反应

艾伦是一名高管，就职于美国最大的公司之一。他已经为这家公司工作了 20 多年，而且干得不错，在经历了一系列晋升后，已经是部门负责人。当一名总经理退休并出现职位空缺后，艾伦立即告诉他的老板，他希望得到这个位置。同很多管理者一样，艾伦想过很多关于如何经营公司的事情，现在机会来了。他努力四处游说，想赢得这个总经理的位置，CEO 也说他是绝对的候选人之一。同事也纷纷担保，这是板上钉钉的事情。公司里没人有资格担任这个职位，或者能够像艾伦这样努力工作并能保持优异表现这么久。艾伦也确信自己的忠诚度肯定会获得回报。

结果他没有被晋升。一个公司外部的候选人得到了这个职位。最初艾伦感到的是羞辱，然后是愤怒。他觉得公司背叛了他。他不知道以后如何再以自信的姿态出现在工作中，因为每个人都知道公司忽略了他。艾伦强烈地感觉到："这是我职业生涯的终点，至少在这家公司是这样的！在发生这样的事情后，我怎么还能指望下属尊重我！"不过，在宣

布人选之后他还是上班了，并且立即在电梯中碰到了那位董事长兼CEO。艾伦无法遏制自己的怒火，他与 CEO 对峙，间接指责对方是在误导。他还说，他感觉很难再相信公司或公司的领导层。CEO 说他理解艾伦的感受并在电梯停下来后离开。从本质上来说，艾伦是一名具有夸张人格的领导者，他接着告诉公司的 HR 负责人，他正在考虑起草一份年龄歧视诉讼，因为新来的总经理比他要小七岁。在为新老板工作时，他继续着这种消极思想。毫无意外，最后他被公司解雇，遭受了双重损失。

↘ 卡伦的反思

卡伦也错过了一次晋升机会。尽管她为公司工作的时间没有艾伦那么久，但她也有自己渴望的晋升目标—— 一个领导管理者的职位。不仅如此，她的上司还许诺只要她能够完成一系列目标（她也确实做到了），就把这个职位给她。在她看来，这是一个"使自己从管理者群体中脱颖而出"的机遇。三年以来，她每周都至少有两天在外出差，为的就是实现老板所设定的一系列目标中的一个，即改善客户关系。她不仅出差多、工作时间长，她还告诉同事和朋友，自己就要获得晋升了。

一天，卡伦的上司把她叫进办公室，并告诉她一个坏消息：在继任评估中，公司一位关键性的、有影响力的高层人士对晋升卡伦存在看法。数月前，卡伦曾和此人有过冲突，这让他很生气，而他决定要阻碍这次晋升。卡伦的上司告诉她，她对这名高管玩政治的干扰感到难堪。但是眼下，决定已经是无法更改了。她重申，她感觉卡伦做得很好，她会尽自己所能在下一次机会到来时晋升卡伦。

　　一开始，卡伦也像艾伦一样感到很愤怒。但与艾伦不同的是，她没有任由愤怒来影响自己对上司的反应。在第一次谈话的时候，她有一种想要做出猛烈抨击的负面冲动，但她还是克制了这种冲动。尽管在谈话过程中她不时点头，但她还是平静地承认，她感到很失望。而且，她也有辞职的念头。卡伦觉得她的上司在这件事上还不够尽力，她也无法确定自己是否想效力于这样的公司——仅仅因为一次事件，公司高管就能为她的职业发展设置障碍。几周以来，卡伦一直在为如何决定而纠结。她想了很多，还同一名刚从公司退休的前主管交谈过几次。这位导师对卡伦的上司很了解，并向她保证，她的上司会说到做到，她既诚实，又有政治上的机敏，只要不在政治上对她有所损害，她的上司会为了让卡伦获得应得的晋升而努力的。他们的讨论帮助卡伦认识到，她没有获得晋升的一个原因是她在公司政治上的天真。多年以来，卡伦一直蔑视办公室政治，从未有意识地与高管建立关系。她的导师也说道，如果她之前有做过这方面的尝试，也许就能够克服那位不同意她晋升的高管所设置的障碍了。

　　尽管卡伦仍然对没有获得晋升心怀愤怒，但她的怒火还是逐渐平息了，她也意识到，要想获得她渴望的晋升，最好在接下去的一年还是留在这家她已经很了解的公司。在这期间，她决定更努力地去拓宽人际网络，在高管中获得更多支持，将她对成就的渴望贯注到改善与那位曾给她设置晋升障碍的高管的关系上。她不仅不回避他，反而寻找机会与他接触，如与他一起在某 HR 项目组共事。两年后，终于，当另一个空缺出现时，她被晋升为另一个部门的管理者。

艾伦的行为是反应，而卡伦的行为则是反思。尽管表面上看来两者截然相反，但公司经营与人的情绪密切相关，不管任务多么艰巨，有经验的领导者会有效地引导自己的情绪。在晋升被忽略、故意拖延或受阻的威胁下，高成就者经常希望立即采取行动来影响局面，而这些行动通常是负面的。如果你受到忽视或丢了工作，你的第一反应将是负面的。你很可能想要痛打别人或自己一顿。无论是哪种情况，你都没心思去学习这个阶段所蕴含的知识了。最糟糕的情况是，愤怒会导致你被解雇或者自毁前程。最好的情况是，你的自尊将会受挫，你所面对的领导力持续挑战（发展自信、对局面和人更为敏锐的观察）也会变得更为困难。

相反，我们在所有阶段一直提倡的反思和对话在这一阶段会特别有用。由于无法控制情绪和冲动，这个阶段已经毁了很多人的大好前途。有些人永远无法从被解雇或失去晋升机会中恢复过来，即使他们最终找到了其他工作或得到了晋升。从心理方面来看，在这个阶段中很常见的情况是，他们仍深陷在愤怒、痛苦和自责中。我们常常会面对一些管理者，他们因为多年前其他管理者或公司对他们的做法而一直心怀怨恨。因此，花时间来分析所发生的负面事件并弄清楚你的感受和担忧很重要。我们将介绍你可以采用的各种方法，但是首先我们需要理解这个阶段的危险点，以及它们会如何破坏你的职业发展。

1 自我毁灭的信号

进入这个阶段的人过去也失败过，但与以往不同的是，这次失败对人们心理上的打击经常是毁灭性的。在错失晋升机会或被解雇之后，一个雄心勃勃的人对公司的看法会发生重大变化。多年以来，他们一直代表和捍卫着公司、其中的人员和价值观。然而，一夜之间，他们相信自己已成为公司嘲笑的目标，或者至少是公司漠视的对象。同样重要的是，在晋升时被忽略或解雇都不在他们的掌控范围之内。对于有些失败，他们可能要为失败承担一些责任，但这一次，被解雇或得不到某个职位都掌握在他人手中。这种决定就像命运一样变幻莫测又无法掌控。

简而言之，这个阶段，尤其对那些身处高位的人而言，会令人极其不安。如果你具备以下特点或正处于下面的情境中，这个阶段对你会更加挑战。

你的工作就是你身份的核心

在某种程度上，你是怎样一个人是由你的职业所决定的。但是，如果你最重要的自我定义是围绕着工作展开的（考虑到高管付出的时间和得到的心理回报，这种情况很常见），那么在这个阶段就会出现问题。如果你的朋友都是一些与你的业务活动相关的人，你的闲暇时间都被人际交往或业务交易所占据，你的社会活动仅限于同公司或行业中的人交往，或者与业务议事日程相关，那么你的身份就被严重地限制在一个狭窄的范围之内了。这么做的结果就是，对于任何职业生涯中的低迷，你都会在情感方面表现得很脆弱。面对在错过晋升或被解雇这样的人生最低潮，你很难从这种挫折中恢复过来，更不用说从中学到东西了。美国有一些社区（我首先想到的就是离纽约市不远的康涅狄格州郊区）居住着很多公司的高管。他们的工作领域相近，他们有相同的社交圈子，他们甚至会一同度假。因此当某个人遭到解雇或错过一次晋升机会时，他将经历双重挫败。他觉得自己已经无法再出现在高尔夫球场上或外出吃

饭，因为人们肯定会观察到他并且会觉得他很可怜。

过度自信

领导者需要适度的自负，否则他们也无法在大公司或事业单位中施加影响；相对而言，无私的人较少能够达到竞争激烈公司的最高端。与此同时，有些人具有健全的自信，有些人则存在病态的自负。后者将任何批评或失败都视为对个人的侮辱。对于他们，批评从来都不会是"就事论事"。被解雇或在晋升时受到忽视绝对是对个人最严重的侮辱，有些领导者会在此后出现轻微抑郁，或者用强烈的报复心或狂怒来应对。无论出现哪一种情况，从过程中去学习都会变得很困难。

长期供职于同一家公司

你在同一家公司中工作的时间越长，在心理上你就越难以承受解雇或错过晋升机会的打击，除非你事先有所准备。在相当长的一段时间后，有些领导者仍然相信那套多年以前就开始快速消失的心理契约：因为他们多年以来一直为公司效力，因此公司对他们有所亏欠，并且他们的忠诚也会获得回报。在竞争激烈、用绩效说话的当今市场环境中，很少有公司会这样考虑问题。有些公司努力制造出员工就是家人的错觉，让人们相信只有在最糟糕的经济环境下才会考虑裁员。但是未来的经济状况和公司的反应都越来越难以预见。你甚至可能目睹过这种事发生在同事身上，但你能够就此做出理性的解释。而一旦这种事情落到自己头上，你就会感到震惊。在你看来，公司没有保留或晋升你，或者去外面寻找新人都是不公平甚至冷酷的，因为你唯一的过失就是忠诚和为公司长期服务。在这样的环境下，你极有可能陷入痛苦和渴望报复的泥潭之中，而这又会阻碍你的领导力发展。我们曾经辅导过很多管理者迈过这个阶段，目标只有一个，就是"放手"（不要去在意这些事）。

绩效问题是这次行动的根本原因

如果你是因为非绩效的原因被解雇或没有获得晋升，那么在熬过这个阶段时，不太会经历巨大的情感起伏。如果是经济低迷引发的大规模裁员导致你被解雇，或因为新领导者雇用了一名他以前的同事而你却没有得到晋升，他的"人员"决策带有很明显的政治色彩，在这些情况下，你不大可能一直沉浸在愤怒中。但是，如果你被告知你的绩效没有达到预期，那么批评就会直击你的岗位职责。你不会认为公司采取的行动是正确的、合理的，因此你很可能对公司或自己做出愤怒的反应。无论是哪一种情况，都会使这个阶段的学习变得更为困难。

如何在这种状况下成长

不管是被解雇还是没有得到所期望的晋升，你都可以采取若干步骤来确保这是你职业生涯中富有成效的阶段。首先也是最重要的是要意识到，如同其他阶段一样，这个阶段会在绝大多数领导者身上发生，只要他们工作的时间足够长；事实上，这种情况通常还不止一次地发生。在意识到这一点之后，请做到以下几点。

不要让事件来定义你

我们在"重大失败"和"差劲上司"阶段都提出过这一建议，但在这个阶段，这一点特别重要。我们向领导者强调，他们不仅是其工作角

色和工作内容的总和。他们是社区领导者、父母、配偶、马拉松选手、水手、兄弟姐妹、子女、祖父母，以及许多其他身份。要全面地看待自己，而不是将一次负面事件整体化和"灾难化"。

了解事件发生的原因

你在这个阶段的收获取决于你为了从这段经历中有所习得而投入的努力。你必须对自己极其坦白，而高管往往不被鼓励这么做。如果你犯了一个严重的错误，直接导致你被解雇或受到忽视，就承认自己的错误并探究你所欠缺的东西：公司领导层的能力是否发生了改变或成长？这样的经历是否已经成为你职业生涯模式的组成部分——执行失败、无法进行战略性思考、不愿组建团队，或其他一些常见的管理失误？你是否了解当时的状况？请注意，你可能否认某个特定的事件或责备他人；不要满足于一个简单的解释。问问自己和他人，你被解雇或错失一个关键职位的真正原因。努力搜集正确的信息，然后进行严格分析。这个过程会令人痛苦，但优秀领导者在这个阶段会这么去做。

利用你的人际支持网络

这是一个格外残酷的阶段，孤身一人经历这个阶段让情况变得更糟。伴随着被解雇或被忽略而来的是严重焦虑，你需要一个"过程"或交谈才能接受整个事件。专业教练、职业顾问和同事也许能够帮助你了解这次负面事件的原因和潜在的正面影响。当你想要冲动行事时，他们的同理心、建议和当面质问会对你很有帮助。不管你在被忽略后有多想辞职，或者因为公司或领导层的不公而心怀愤怒，或者更糟糕，变得愤世嫉俗，默默盘算着如何报复，在做出任何职业生涯决定之前，你必须让自己远离"反应式"的心态。好的人际支持网络和专业辅导会防止你做出让自己后悔的决定。

制定一个"下一步会怎样"的策略

领导者在这个阶段将了解到，适应能力涉及心态和行动两方面。因此，想要超越有关过往做了什么或你会做什么的分析，你必须分析自己的可选项，并以此为基础制订一个计划。如果你没能获得晋升，那么那个新来的上司到底如何？他能让你成长或教你什么？公司里还有其他你有可能得到的职位吗？另谋高就真的是最好选择？

有时，没有获得晋升或被解雇是一种警醒，之后需要采取的行动必须经过缜密思考。如果你被解雇，为了获得并保住下一个重要的领导职位，你需要做什么？那些让你脱轨的潜质会继续跟随你吗？也就是说，在有意识或无意识中，你性格中的某些因素是否会在压力下妨碍你工作的效率呢？什么样的公司或职位能给你一直梦寐以求、意义非凡以及与你的兴趣和才能相吻合的工作呢？制订一个计划并采取行动，避免长期在某个领导力阶段止步不前。在与领导者合作的过程中，我们发现这样的"受教时刻"尽管痛苦，但如果管理得当，也能带来极好的领导力发展体验，提升同理心、自我洞察力和前进的动力。经历过这一阶段的大多数领导者都会认为，他们后来在管理上的高效率主要就得益于此。"它使我看到了问题"或者"它使我面对自己"这些领导力发展的重要时刻是任何领导力发展课程都无法取代的。

最后，慢慢来，别着急。行动导向的管理者通常在失去工作或晋升机会后急于采取行动，以至于那些行动是错误的。这里的"错误"不仅是指他们最后找到了一份差劲或枯燥的新工作，还因为他们缩短了思考

和反省的时间，而正是思考和反省会使他们真正得到成长。我们对处在这个阶段的高绩效领导者的建议是："如果可能的话，慢慢来，别着急。"很多全情投入、努力工作的管理者渴望利用假期或者其他机会进行反思和重整旗鼓。当这种机会到来的时候，由于拥有选择的自由或因为过度焦虑，他们又希望结束这段时期，重新回到工作中去。领导者的职业生涯就是一系列工作任务和事件，以及两者间的一些间隔阶段（如果有的话）。这些间隔阶段不仅珍贵，对自我更新极为重要。如果你接受了出现在你面前的第一份工作并立即将时间和精力投入新角色中，你就失去了一次审视自己的机会。一次重大事件会迫使你思考作为个人和领导者，你是一个怎样的人。思考这样的问题会使你改变自己的行为并脱胎换骨。

当出现最坏的情况时

我们已经暗示这个阶段所能带来的一些收获，从韧性到自我了解。我们来具体看一看你可以在这个阶段中收集的知识，它们将提升你的领导力智商。

意识到"耍小聪明"可能导致损失

有些公司，获得晋升的是那些会取悦每个人、谁也不得罪的人。他们认为如果能够让所有人都满意，就能取得成功。在某种程度上，这种想法通常是正确的，但是卓越的领导者会管理自己想要取悦他人和使每个人都满意的倾向（如果确实有这种倾向的话）。他们会说出、做出并传达出自己认为正确的东西，他们会处理好与持不同意见的人之间的冲突。错过晋升机会或被迫离开公司会让人以新的思考方式来看待领导力的要求：设法使他人满意并不是领导力。最近，一位非常知名和卓越的 CEO 对我们说，回顾他早期的职业生涯经历，被解雇后他才"开始自我思考"。

了解如何重振雄风

与过去相比，错过晋升机会或被解雇在现今都变得更为常见。最优秀领导者学会如何在保持自尊和人际关系的情况下度过这个阶段。他们不会将怒火发泄到上司身上而自毁前程，相反，他们会在艰难的时刻保持职业性。他们成为日后可以东山再起的幸存者。除了被解雇，在经济低迷、技术更迭、财务危机以及其他突发事件下幸存下来也是领导者必需的技能，对于高管而言更是如此。

了解如何进一步提升自己

所有的阶段都会强化你作为领导者的能力，但在这个阶段你最有可能变得更善于思索、更具同理心、更富有洞察力。有人曾说过，我们所学到的东西与我们所经历的苦难有直接的关系，这句格言在这里也适用。在自己热爱的岗位上被解雇是非常让人痛苦的。在这个阶段之前，你从未在工作或职业生涯中体验到如此强烈的痛苦。这次遭遇会促使你以前所未有的方式来思考和感受。在事情发生的时候，你会觉得痛苦。但之后，你会从一个新的角度来看待工作，并对他人正在经历的事情怀有感恩之心。接受那些痛苦的思想和感受，你会发展成为一名全面的领导者，而这是从未失去过工作的人所无法做到的。

在所有的职业阶段中，这是最难以从逆境中看到机遇的一个阶段。请相信我们，在这个阶段确实存在着机遇，我们有数百名管理者的故事作为见证。对自我失败的认识会成为你转变的强大催化剂。如果你有耐心，会反思并愿意同他人探讨这次困难的经历，那么你的领导力发展机会就出现了。

第  章

成为公司收购或合并的一部分

如果小时候你的父母离异，你不得不适应同继父或继母一起生活，那么你会对这个阶段有所了解。当另一家公司收购或合并你所在的公司时，你会产生错位和迷失的感觉。你多年以来所熟悉的公司变得不一样了。你所有的设想、成就以及在公司中的人际关系都要待价而沽。你不仅要适应新上司，还要了解新的价值体系和惯例。

而且，你在公司中的地位受到了威胁。这种威胁是否真实存在或只是你的感知已并不重要。关于并购有一句老话：1 加 1 等于 1。在新的实体中会出现同样职位的重复，你可能认为自己或对应职位的那个人将很快离开公司。这种恐惧感会使你很难有效地进行领导，在合并刚刚结束的阶段更是如此。你等待另一只鞋子掉下来，琢磨着这只鞋何时会掉下来。在你担心自己或一半的同事将很快被解雇时，你很难再将注意力放到业务上面。遗憾的是，此时通常正是工作紧张的时候。在合并之后，有很多事情需要去做，但做事的时间却又太少。

在这个阶段，领导者会学习到如何在压力下高效工作，并同时在其他方面获得成长。为了充分地利用这个学习机会，事先了解一下在公司合并或被收购时将发生什么对你很有帮助。

重新加入公司

从未经历过这个过程的领导者通常会低估它的影响。尽管你可能知道公司在数量方面会有所变化（人员缩编、资源的重新整合、不同的品牌），但你可能不会意识到它对你心理上的影响。如果你是一名雄心勃勃的领导者，为自己制定好了在公司的职业发展道路，在公司合并之后，你会震惊地发现这条路已经不复存在。

你得到过的所有优秀的业绩评估、你实现过的所有目标、你建立的所有人际关系，以及公司对你做出过的所有承诺——一次收购或合并能使这些成绩和承诺全部作废。心理上，这的确让人很难接受。如果收购方还是你原公司的竞争对手（情况通常如此），那么一切会变得更为困难。这么多年来，你一直将现在以收购方身份出现的公司视为敌人；无论是在对内还是对外的沟通中，你都会强调自己的优势和对方的不足。而现在你被要求接受他们的产品、服务、策略和公司文化。

此外，合并或收购并不会发生在一夜之间。从第一次听到合并的传言开始，你可能有几个月的时间受到它的影响。很多时候，公司会谈论合并的进展是如此的快速和平稳，夸耀自己只用了 27 天就完成了合并。也许，合并的法律过程用了 27 天的时间，或者这是评估和削减员工和其他冗余业务所用的时间。但在现实中，文化匹配的过程要费时得多。在合并或收购的第一阶段，每个人都会投入时间、精力和注意力。在这个阶段，需要解决合同和财务事宜，并确定人员和业务的去留。而第二阶段却经常被忽视。在第二阶段，两种文化交织到一起，此时需要解决心理和思维方面的问题。领导者突然被迫进入一个"中立地带"（援引威廉·布里奇斯的说法），也就是说，从前的身份、角色或者自我观念已经终结，但他们还没有确定是否要全身心地投入新公司中，开始建立一个新的身份。在二者之间的这个地带会令人困惑并产生情绪波动，其表现就是情绪忽而高昂，忽而低落。有些人很快就度过了这个中立地带

（见图 10.1）；有些人则可能需要几周、几个月甚至几年的时间才能适应。

图 10.1　中立地带

如果你没有来得及为失去原有公司而伤心，那么事情就很棘手了，大多数公司不会特意为员工留出时间哀悼；很多人也没有意识到他们需要在这一点上释放自我。这么做的结果就是，你可能在口头上认同新上司，而私下里你仍然将这些人视为"他们"而将原有的公司机构视为"我们"。当通用电气收购美国无线电公司（RCA）时，他们邀请了 RCA 的领导者参观通用电气位于克劳顿维尔的培训中心。在 RCA 的人员到达以后，通用电气的管理者向他们发放了通用电气的 T 恤衫。第二天，RCA 也为通用电气的领导者带了一箱 RCA 的 T 恤衫。尽管 RCA 的领导层这样做是出于好意，但他们没有抓住关键：事情已经发生了变化，RCA 已经不再和通用电气处于平等地位了。收购方希望他们的新人能成为团队一员。但被收购方的领导者却会以不同的角度来看待自己的角色。他们希望为新公司增值，相信通过指出收购方体系中的缺陷（他们会参照原公司的旧系统）就可以达到这个目的。

表 10.1 展示了应对合并的典型情绪反应以及其对应的阶段。

表 10.1　应对合并的情绪反应

否认	"不会发生这样的事情。"
恐惧	"我将会怎样？"
愤怒	"我们被出卖了！"
悲伤	"以前的一切要好得多。"
接受	"我想我们已经没有别的选择了。"
解脱	"这看起来比我起初想的要好。"
感兴趣	"也许还有可能性。"
喜欢	"我现在确实觉得很舒服。"
享受	"这会很棒！"

　　尽管双方都是出于好意，但收购方通常不太喜欢批评、变更或者参照以前的最佳实践。原因在于合并和收购是感性的事件，却需要用理性的方式来处理。领导者的学习会来自三个方面：管理自己的反应；用客观的眼光看待变革过程；最终意识到如果他们想在合并后的公司内继续工作，缺少承诺是不合常理的。

努力学习而不是仅限于如何保住工作

　　成功地完成从收购前到收购后的过渡是一次内容丰富的学习经历，尽管表面上看来它更像一次生存训练。但如果你将所有的精力只放到生存这一点上，那么你不会学到太多东西。尽管你必须与新公司的人员建立合适的关系，但这并非你唯一的职责。有些人很擅长在合并和收购中

生存下来，但这种技能并不能让他们成为领导者；他们只不过是擅长保持低调，让自己看起来已经融入新集体。

在前面的章节中，我们会在最后引出学习内容。而在本章中，我将首先为你介绍它们，因为相较于其他阶段，这个阶段的学习过程更为微妙。下面的五种方法可以帮助你在收购或合并后成长为领导者，如果你能够理解它们，你就会更有动力来执行我们稍后推荐给你的行动计划。

迅速搞清楚新的规则并开始按照新规则行动

与以往任何时候相比，领导者更需要在不同的规则间转换。不仅在合并和收购之后，在任何其他类型的领导情境下，如换公司、在其他国家工作、适应新上任的 CEO 等，领导者都要做到这一点。在合并或收购之后，你的效率取决于你在以下方面的能力：理解新规则是什么、如何获得资源、如何走捷径、如何形成联盟。这些规则可能与你习惯的那些规则很不一样，为了弄清楚新系统，你要善于观察和提出问题。你采取行动并将学到的东西整合到标准操作流程中去的速度越快，作为领导者，你就能更成功。

就算有缺点也要做一名强大的领导者

对很多领导者而言，这是很难的一课，不过收购或合并会是强有力的老师。很多同我们一起工作过的高管告诉我们，一旦发生这些事件，他们的感觉就如同有人把公司夺走了一样，也就是说，他们丧失了自己的身份。过去，他们的身份、对自身能力的认识，甚至他们的领导力价值都源于他们在公司的角色。他们为公司的声誉、市场地位和文化而深感自豪，并且他们的领导风格也反映了公司的风格。而当公司在一夜之间发生了变化，这种认同感和自信也会立刻被削弱。没有了之前建立起来的身份，很多管理者会有脆弱、无力甚至受伤的感觉。

在自尊心受挫的情况下有效地进行领导是领导者需要掌握的一项技能。在关键的局势下管理自尊的能力是领导力发展的重要组成部分，而你很难在课堂上学到这些。优秀领导者必须意识到，有时下属的想法要比他们的好，客户的需求要比他们自身的计划重要，或者同事提供的某个负面反馈是正确的。换句话说，他们必须展示坚强的品质，即使他们在内心觉得自己很脆弱，而这一阶段会有助于他们培养坚强的性格。

在关注任务的同时超越政治

政治会极大地分散人的注意力。尽管优秀领导者会注意公司的政治局面并知道如何有效地与之共存，但他们不会为了得到某个

我认为不肯向员工敞开自我、不愿在员工面前显露不足的领导者，他们是无法有效领导别人的，因为在大家的眼中，这样的人不真实。如果你迁怒于那些传话的人，那么只会引发某些负面反应。但如果你能够以一种有指导意义的心态来看待令人失望的事情，那么从这一刻开始，员工就会永远跟随你。我认为这些就是伟大的领导力时刻。

——约瑟夫·巴拉迪诺，
安达信环球公司前 CEO

职位而陷入其中，以至于忘记了团队或公司目标。在合并或收购之后，政治因素总会加速凸显。尽管会出现政治花招，优秀领导者仍然能继续保持专注力。这是一项非常好的技能，因为即使没有发生合并或收购，政治还是很容易使你在任务中分心。在所有的公司中，政治（为了达成某种结果而进行的权力与影响力的非正式协商及交换）是一种生活方式，高绩效领导者不会躲避政治；他们会正直、灵活地应对政治。不管在优秀领导者周围发生什么，无论是失去资源、主要支持者被免职还是

来自客户或客户的阻碍，他都会一直朝着关键的目标迈进。

保持开放的心态

在公司被收购之后，人们经常会产生一种防卫心理。我们在辅导领导者度过收购阶段时经常会看到这种现象。他们会产生一种"我们对他们"的心态，不止一名领导者会暗忖或对其他人说："这没有我们原来的做事方式有效。"一开始采取封闭的心态是很自然的，因为你觉得遭到了背叛，而这会对你的感知产生影响。但逐渐地，合并后的环境会让你有机会了解"这些新同事"并没那么差劲。我们采访过很多经历过这一阶段的管理者，他们都讲述了自己经历过的"顿悟"时刻，他们会意识到自己与新的管理高层及其文化的共同之处要比他们想象的多。这可能是一个循序渐进的过程，也可能是一个突如其来的、让人震惊的时刻，并且这些有助于他们懂得，自己不应该紧抓着那些很可能被事实证明是无效的假定。开放的心态是领导者在其他阶段也可以发展的一种品质，但是经历收购或合并会加速这种品质的形成，它会使人们在经营公司时思路更为开阔。

在危机中，领导者应该学会多思考，人们是不是从情感上和理性上都愿意同你站在一起。从理性上来讲，大多数人都很聪明，他们是游戏的一部分，他们知道你会报告哪些东西。但仅有这一点是不够的。我觉得你还需要那些能在情感上同你站在一起的人，而这需要时间。你不能通过备忘录和会议来做到这一点。你只能花时间一对一地与他们交流，了解他们。从带领人的角度来看，你需要从"人"的层面花时间和他们在一起。

——约瑟夫·巴拉迪诺，
安达信环球公司前 CEO

创建新的人际网络

这也是一项领导者能在其他阶段获得的技能，但在公司易主之后，建立新人际网络的需求就变得极为重要。这次的关系建立挑战与其他背景下的挑战有所不同，对于多年以来一直在同一家公司工作、从未经历过合并或收购的领导者来说更是如此。对于身在虚拟或矩阵式公司的领导者，擅长内部关系正成为一项越来越重要的技能。

在裁员、重组和收购已经变得司空见惯的易变的公司大环境下，重建人际网络也是必需的。在我们曾共事过的一些公司中，在几个月的时间里，因为裁员、调任或辞职，一些员工失去了导师和伙伴。在这些情况下，领导者必须寻求其他的支持和资助来源。

初步适应局面

安德鲁就是一个绝好的例子，他在公司合并后逐渐领会到这些经验教训，但由于在这个阶段中碰到了困境，他最初也曾采取抵制的态度。

在银行董事会决定与一家更大的金融机构合并时，安德鲁刚刚被提升为风险管理部门副总裁。十年以来，安德鲁在这家大银行担任过各种职务。这次与大型银行的合并是整个银行业合并风潮的一部分；大多数银行都是通过获取新的经营权、营业点和客户来获得增长的。安德鲁所在的银行有着鲜明的公司文化，在任职期间，他一直对公司以及自己所取得的成就深感自豪。安德鲁也是公司里众多反对合并的管理者之一，尽管董事会没有就合并征求他的意见。

在这笔交易结束之后三个月，两家银行共解雇了 1000 多名员工，其中大部分属于安德鲁所在的公司。安德鲁得以幸免，尽管他所在的风险管理团队中的三人，以及他的上司未能逃过此劫。新政策和新程序被引入，大多数都是安德鲁所不喜欢的；对于风险管理从业者而言，它们都似乎过于官僚化、过度过程导向。更让安德鲁心烦的是，他感觉自己没有受到赏识，好像他需要从头开始证明自己。没有人征求他的意见，而当他主动提供意见时，相比那些在收购方银行工作的人，他觉得自己的可信度更低。尽管如此，安德鲁还是设法"适应"（援引安德鲁的说法）。他设法融入合并、改革和新战略中，尽管几乎每天晚上他回家后都要向妻子抱怨"公司如何和以前不同了"。他也经常同原来的上司交流，大部分的谈话内容都是抱怨。

最后，安德鲁寻求教练的建议。在最初的会晤中，安德鲁告诉教练他正在考虑辞职。但教练在听过安德鲁的抱怨、银行的状况和其管理团队之后，建议他稍等一段时间再做决定。

又过了一个月，安德鲁那种被疏远和背叛的感觉开始消散。他正在做的一个风险评估项目进展顺利，几次受到收购方银行高层的公开表扬，尽管他和他们不怎么熟悉。他也因此受邀加入一个内部整合团队，为合并后的公司规划愿景。安德鲁开始为新公司做出实质性贡献，他发现项目团队提出的发展愿景很具洞察力，与他原先设想的公司未来没有太大的差别。很快，安德鲁认识了来自收购方银行的其他管理层，并将注意力专注在公司任务上。只用了一年时间，他就以出色的业绩和工作成果重新树立起个人形象，他也开始信赖由新同事和同僚组成的全新人际网络。

在每次合并或收购时，类似的场景总会一再出现，问题的关键在于建立信任。高效领导者会迅速建立起信任，他们甚至会在其他人表现出相应的品质之前就信赖对方，尤其是现在的很多公司都可以虚拟运营或在不断进行重组。建立信任要求你对他人及他们的意图抱有积极的态度，没有比在合并期间学习这种关键的领导力技能更适合的情境了。

随着公司的变化成长

为了在这个阶段尽可能地发展领导力，你需要把反省和实用的步骤结合在一起。我们来看看你可以怎么做。

决定你是否应该留在新公司

正如我们以前所提到过的，这意味着不要对变化做出过快的反应。你需要客观地评估新实体的价值观是否与你重视的一些观念真的存在冲突。例如，如果你珍视直接、面对面的沟通，而新的公司文化体现的却是被动、非直接的舆论方式，那么你的领导才华可能就得不到赏识。离开可能是最好的选择。在一家文化价值观与你存在冲突的公司中工作，你很难成长为一名领导者并赢得团队的支持；你对公司经营方式的不满会妨碍你自

你的投入必须是真实的。如果不是这样，你又何必将自己的生命花在这上面呢？如果在工作中你做不到这一点，你为何要在工作而非家庭上花费更多的时间呢？我觉得，如果公司对你的期望与真实的你之间存在差别，这真的很可惜。我认为很多企业确实想要告诉你事实。问题在于，在你想要的和公司能提供的风格、价值观与文化之间找到共识。

——比尔·乔治，
美敦力公司前董事长和 CEO

身的学习效率。需要确认的是，和你有冲突的是公司的价值观而非某个新上司的价值观。在大多数情况下，你会发现自己的价值观与新机构的价值观存在着相似性。发现这种相似性会有助于你更容易地实现转变并关注在新的业务目标上。

致力于评估并表达你对合并或收购的感受

换句话说，不要一直忍耐，将自己所有的失望和敌意都深埋在心底。在合并发生的几年之后，有些管理者仍然对事件感到悲痛，还在用绚丽的词汇、满怀留恋地描述原来的公司。他们被困在过去，拒绝接纳新信息和新观念，也没能拥抱可以提升他们领导力的多样经历。因此，在对合并或收购的看法上，你应该对自己和至少一位信得过的顾问做到坦诚。如果你担心这意味着职业生涯的终结或者你浪费了过去的 10 年，那么承认这种担心并把它表达出来。你越早这么做，你就能越快地释放自己，并充分利用"后合并"环境中任何可能的机会。

与公司的再结合

我们在早些时候曾谈到过这个话题，但如果态度消极，你将无法学到这一点。我们为合并后的公司管理者进行辅导，让他们不要仅限于同直接上司交往，而是应该建立一个更为广泛的人际网络。要建立一个有影响力的网络，领导者需要投入一定的个人时间与不同层级、不同领域的人接触，以便建立真正的关系。这种关系无法在一夜之间建立；不经历一定的尴尬，也无法建立这种关系。你可能认为自己已经太老或太有经验而无法参加社交活动。人们也会抱怨："我为了建立人际关系花了几年的时间，它给我带来了什么好处呢？"这正是问题的关键所在。你不能只精于建立一个网络，还得擅长重建和更新它。领导者必须擅长在不断变化的机构中建立和重建人际关系。

使你同直接下属的沟通渠道保持通畅

至少，高效的领导者会关注下属的需求，你的团队同你一样，也会受到合并和收购的影响。正如你的上司会帮助你（理想情况下），你的团队也需要你的帮助来应对转变。关注团队成员的需求有助于你切实地为新公司做出贡献。与他们交谈，倾听他们的心声，让他们了解情况，并解决他们的问题。他们需要你的支持，你也需要他们的支持来完成收购之后公司所确立的新目标。

要有耐心

耐心的确是一种美德，尤其是在当今的环境下。以行动为导向、发愤图强的领导者往往会对事件迅速做出反应，他们会根据新的外部刺激做出判断并发起倡议。在收购或合并刚结束时，保持耐心可能是最好的适应策略。事实上，在合并之后，需要数月甚至几年才能达到稳定。对于领导者，熟悉情况、建立关系、正确评价同你一起工作的人都需要时间。你无法像以往那样冲锋陷阵，这一点会令人沮丧。但与此同时，它让你懂得了等待、观察、探讨和思考可以产生积极的结果。在合并之后，你需要找到其他的工作和领导方法。至少在一段时间内，你会在这个过程中受益，对于那些总是停不下来、做出仓促决定的管理者更是如此。一点点的耐心就能帮助你更有效地应对下属，并更客观地评估形势。

尽管如此，大多数领导者在听到合并或收购的消息后还是会做出消极的反应。在这个阶段，学习的关键在于超越最初的负面反应，并留意

事业和受教的机会。另一家公司之所以会介入这笔交易是因为合并会为消费者、客户和利益相关各方提供独有的价值。几乎在每次收购中，收购方都是在购买人才、品牌、技术、市场份额、产品以及服务。意识到你属于收购资产的一部分有助于你重新确立自己对收购的认识。

还请牢记，与原有公司相比，他们会为你提供更多的发展机会。显然，合并后的公司更大，但可能有更多的隐形资产（而它们并不显而易见），如聪明的人、新的做事方式、创意、喜爱改变的领导者、业绩文化，以及远见者。新公司可能处于更好的市场地位、有更好的培训项目和更多的海外职位；它们的文化或策略可能很适合你的领导和管理方式。很多在公司合并过程中接受过我们辅导的领导者在很久之后才发现，他们不仅加入了一个更好的公司，在这个过程中也成了更优秀领导者。

同样重要的是，当领导者收购其他公司时，这个阶段也会出现。事实上，从个人角度来看，领导被收购方会比被收购更挑战。领导者必须自我审视，倾听他人意见，学会信赖现在为他们工作的新人。他们必须留意，不能仅仅因为"这里现在我说了算""速度要求如此""这些人就是不明白"，或更糟糕的"我们这方是胜利方"就回归之前的做事方式。在收购其他公司时，客观地选择最优秀的人才、建立团队、确立愿景，并赢得其他人的信赖是领导者能够学到的技能。

在处理对收购或合并的感受时，要牢记我们在本章开头提到的那个比喻。经历父母离异是一件艰难的事情，但尽管你可能有受伤和被抛弃的感觉，还是应该意识到你的继父或继母可能是个好人，他（她）可以帮助你以一种新的方式成长，而这是你在原有的家庭中不可能得到的。

第11章

在不同的国家或文化中生活

之前章节所聚焦的是职业经历中的逆境和多样性。现在我们将从个人角度来讨论这些主题。

在你考虑这些个人阶段时，请牢记，个人和职业生活实际上是无法被完全分开的。多年以前，很多公司要求领导者让个人生活远离办公室。很多 20 世纪 50—70 年代的管理者相信，办公室中发生的事情应该留在办公室中解决，不应该影响家庭和其他关系。现在我们知道这种分离是不现实的，至少从心理和情感这两个角度来讲是这样的。如果你正在经历离婚，或者因为你的一项国际任务，你的家人同你一起来到新的国家却无法很好地适应，那么你的精力和注意力将受到影响。同样地，如果一个职业、工作或任务不能提供挑战、乐趣和满足感，那么随着时间的推移，它也会对你与配偶或合作伙伴之间的关系产生影响。

好消息是，不管是对个人还是对领导者，这个阶段也是学习和成长的机会。在我们的研究中，很多足够幸运而被外派到国外的管理者将这个特殊的阶段视为他们生命中最有意义、最具转变意义的一次经历。不管他们身居国外是为了工作还是仅仅出于个人原因，沉浸在不同的文化中都会促使他们以一种全新的角度来看待自身生活的各个方面。你肯定会认识一些从国外回来后仿佛变了一个人的朋友——他们更善于思考，头脑更加开放，对自己的价值观和重点有了更多的认识。如果不去国外，而是生活在一个"国外的"环境中，人们同样可以获得这样洞察力和观点。例如，离开他们位于郊区的富庶家庭去市中心执教和生活，或者离开城市去乡村生活和工作。在行动学习领导力发展项目中，我们努力创造这类经历。例如，将高薪管理者带到市中心的艾滋病医疗中心工作两天，或者与人道之家（Habitat for Humanity）一起建房子。高效的领导力发展会向假设和传统的看法发起挑战，并且其设计目的通常就是为了达到这个效果。但是，如果领导者决心不想被自身的经验所束缚，那么他们一生都会经历考验和挑战。关于这一点，没有什么比在国外生活一段时间体现得更为明显的了。尽管我们主要着眼于地理意义上的国外经验，但我们所写的一切适用于任何与你日常经历存在着差别的文化环境。

在国外生活所面临的挑战

事先声明，如果在国外生活的体验与你过往的体验很相似，那么它不会对你的生活或领导力产生多大影响。有些高管去到国外之后，选择住在类似于国内的社区，同那些与他们相似的人一起工作和社交，在麦当劳用餐，从来也不会让自己暴露在真正的外国文化之中。仅仅生活在另一个国家并非重点，关键在于应该充分地体验不同的文化。

下面的这个理想场景，描述了国外经历是如何逐步展开的。公司要求你担任泰国分部的营销经理，这是你第一次承担国际性任务。你为这项任务激动不已，因为你知道如果想成为一家跨国公司的领导者，就需要具备全球化的经验——那些进入公司高层的人似乎都有过类似的经历。你的配偶和三个孩子在接受了跨文化培训之后，同你一起来到了泰国曼谷，尽管你的孩子们由于年龄关系，不太喜欢离开朋友搬到这么远的地方。而你也因为让他们离开熟悉的环境而感到内疚。到达目的地之后，混乱的局面和各种挫折充斥着前几周的生活。你发现孩子们的水平

远超出学校的教学水平，他们在学校感到厌倦和沮丧，所以你为了找到另一家合适的教育机构而走遍了曼谷。还有就是孤独感，你和配偶在头几个星期觉得很孤立，尽管泰国公司的负责人很好客，并且他也在尝试让你和你的家人融入当地的社交活动中。在情绪特别低落的某个时刻，你的配偶开始怀疑你们决定离开家是不是一个错误。同样让你头疼的是，你发现这里的公司环境不一样——在你看来，它不如国内的先进。与泰国的官僚体制打交道既耗时又令人沮丧。让人烦恼的还有泰国供应商对你提出的产品和服务要求的反应。表面上，他们友好随和，但你经常发现，他们承诺一天交货，而实际上过了一周货还没到。语言问题也使你很难将观点传达给泰国下属。

但是经过一段时期，你和你的家人适应了新环境。尽管你的配偶和孩子们可能还是不爱在海外生活，但他们不再抱怨，并开始欣赏新的文化。你也开始喜欢这些挑战，受挫感也减轻了很多。你为自己意识到怎样做才能使自己提出的要求得到尊重而自豪；你组建了新的人际网络，其运转方式不同于你过去喜欢的那套；你调整了自己的领导风格，以适应当地的文化要求。你意识到当地交流的微妙之处，而正是这些微妙构成了泰国企业界的大不同。尽管开始时你觉得泰国人做生意的方式复杂低效到令人绝望，但你开始欣赏他们的适应能力和克服障碍的才能。

当你回到本国，你发现自己不仅更加欣赏认知的多样化（人们有不同的看法），而且在碰到问题时你会变得更为镇静，在探索和确定其他方案时也准备得更充分。尽管你在国外学到了很多如何做生意的知识，但更大的收获源自内在；你对自己是谁有了更为深入的了解，尤其是在你有过这次出国经历之后。海外的奋斗和全新体验给了你更多反思的机会。当你与泰国员工沟通出现困难时，你会长时间努力地思考你为何无法与之交流。他们的英语足够好，但你最终发现是你那种未说出口的傲慢令他们不快。你通过他们的眼睛看到了自我，而且你对这个自我也没什么好印象。你学会了如何表达自信而不傲慢，学会了暴露一些自己的弱点，学会了用泰国文化来欣赏和珍视个人。这对你与他人相处的方式以及你的领导能力都产生了巨大的影响。

我作为多国地区的负责人同还在孕期的妻子一起前往亚洲，除了陷入危机的婚姻，还有一本从加拿大出境只去过欧洲三次的护照。成为父亲的恐惧、正在瓦解的婚姻，已经超越我的经验和能力范围的工作跨度，驱使我为了成功而夜以继日地工作。这是我职业生涯中一个真正的转折点，我在香港出生的女儿们一直非常快乐。

——比尔·坎贝尔，
摩根大通信用卡服务部主席

在国外工作需要避免的陷阱

像所有的职业阶段一样，作为领导者，造就或毁掉你的并非事件本身而是你对事件的反应。进入某个领导角色或承担起业务责任能够促进领导力的发展，前提是你需要用有助于自我发展的方式来应对这些事件。在国外居住对你的领导力的影响未必比搬到街区的新住宅的影响更大。

也许你得到了一个难得的机会，要在中国设立新的办事处，要用一年的时间再穿越印度次大陆。但如果在这个过程中你采取与以往完全相同的工作、生活和思考方式，那么整段时间就会被白白浪费。我们曾与很多国内外的管理者一起共事过。通过研究，我们了解如果你在国外生

活，为了成长为一名领导者，你应该避免以下这些陷阱。

不要生活在气泡中

这个陷阱并不像想象的那么容易防范。如果你居住在另一个国家，你很容易说服自己正在充分体验它的一切，仅仅是因为你周遭的所见和所闻是如此的不一样。如果你正在国外工作，你可能与来自这个陌生国家的员工打交道，他们的语言、衣着和工作方式，合作风格可能会强化你已经远离祖国的感觉。但这些表面的互动不足以给你全新的视角，或者让你在一个有意义的层面来理解多样性。

我们中的很多人在遭遇外国文化时都会有用泡泡纸把自己包起来的本能反应，这让我们不确定也不舒服。将自己与国外的文化隔离开而免收其伤害，虽然这么做并不是一个有意识的决定，但最后的效果是一样的。

我们认识一位某大公司的 CEO，在他前往波兰参观公司的业务期间，波兰的东道主想让他感受一下本国的食物和娱乐节目，于是举办了一个豪华、地道的波兰式晚宴。晚宴持续了很长一段时间。最后，他们同这名 CEO 一起前往机场，以便 CEO 能够搭乘飞机去到另一个国家参加第二天在那里举行的会议。就在要到飞机库的时候，他们经过了一个麦当劳餐厅，这时 CEO 说道："我们为什么不去一下麦当劳？不管怎么说，它正好就在通往机场的路上。"这种对其他文化的反感并非这名 CEO 所独有的。他

> 一次新的婚姻，在财务服务部门全新的职业生涯，以及现在收养的女儿让我能舒服地面对所取得的任何成绩或提供给我的各种领导职位。生命是一次旅程，事业上的成功可以是这次旅程的结果，但它很少是旅程的动因。
>
> ——比尔·坎贝尔，
> 摩根大通信用卡服务部主席

对熟悉事物的偏好、对节省时间的重视，以及他微妙的蔑视之所以令人吃惊，只是因为他表达得如此公开。

不要成为自身经历的囚徒

如果你有机会在国外生活，要意识到你可能本能地将自己与国外的文化隔离开来。为了保持这种认知，向自己提出以下几个简单的问题：

我是否经常在本地餐厅吃当地的食物？

我是否会寻找并接受当地人的邀请，去他们的家中做客？

我是否利用这种机会在这个国家旅行并参观重要的文化、宗教和政治场所？

我是否经常尝试与这个国家中各式各样的人交流？

我是否努力地与这个国家的一些人建立信任、坦率的朋友关系？（在工作任务结束后，这种关系仍会继续下去）

如果我因为工作任务来到这个国家，我是否努力同那些与这项工作没有丝毫关系的人接触？

我是否通过观察和交流，努力地学习这个国家的风俗和历史？

我是否在当地商店购物，与当地的人一起社交，并且尝试着像当地人那样去生活？

我是否有意识地利用文化差异更好地了解自己国家的文化？

最后，如果你因为工作任务而在国外生活，要意识到一个国际化的公司阶层正在兴起。如果你将自己的经历仅限于这个阶层，就说明你还活在自己的气泡中。我们的同事斯蒂芬·莱因史密斯注意到，全球大多数跨国公司的顶级高管之间的共性要远比他们与自己国家的农民之间

的共性多。由于全球商业的惯例、商务语言英语的广泛应用、在全世界持续走动却局限在头等舱、餐厅、酒店和办公室之中，国际化的公司阶层已经出现，相较于自己的国家，他们更认同这个阶层中的其他成员。对于这些人来说，如果在世界各地游走而没有全身心地体验，这样的话还不如生活在本国的农场得到的启发大。

如何利用这一千载难逢的机会

打破你的参照系并非是一件轻而易举的事情，但是生活在外国文化中会促进这一目标的实现。很多公司管理者在某一家公司中成长，建立起强烈的、无意识的文化偏见。他们亲眼看到，尽管他们的公司和所处的世界相对先进一些，不易察觉的文化价值观会妨碍沟通、决策和领导工作，这种情况使他们沮丧、惊讶，有时甚至气馁。CDR 国际公司的合伙人斯蒂芬·莱因史密斯将他们的这种经历称为"艾波卡特中心（Epcot Center）版本的跨文化经历"，即快速经历不同的国家并体会文化上的差异，类似于游历迪士尼乐园艾波卡特中心的各个文化馆。在某个不同于本国的国家生活一段时间可以使人在个人和职业方面发生重大、深远的变化。

我们在工作时都对公司、竞争者、市场和行业持有一定程度的假设。体验一种破框式的经历，向这些假设发起直接挑战，你才能成为一名更好的领导者。职业生涯的各个阶段会通过一定的方式让人做出这种调整，而在国外生活则是以另一种方式来达到同样的效果。如果你能够充分利用在国外的这段时间，你从多角度看待问题的能力会增强，与观念和你有很大差别的人一同工作时，效率也会提高。

为了利用你在国外的经历，你应该做到以下几点。

采用冒险者的心态

愿意尝试新事物，适当地冒险，探索你感到最陌生的领域和观念。这不是说你应该使自己处于危险状况之中，而是强调你应该以其他方式来考验自己。如果你在亚洲的某个国家生活，这可能意味着花一些时间游历佛寺或者参加僧侣举办的冥想课程。如果你在南美洲，这可能意味着在周末顺流而下穿过一片古老的热带雨林。而在商业世界，这意味着努力工作，用不同的语言将你的理念传达给各个国家的人，针对客户或供应商采用不同的工作方式，并用心倾听以便了解他们的想法。

这种类型的沟通需要时间和努力。你可能需要用几天的时间，提出几十个问题，以理解一个复杂的分销系统或者评估为何他们独有的销售策略会如此有效。有时，你会感到自己愚蠢而无知，因为你需要问这么多问题，花这么长时间才能把事情搞清楚。但一个冒险者为了探索和发现愿意忍受一些困难。将在国外生活视为事业踏脚石的领导者在接触不同文化时会比较保守；他们担心暴露自己的不同、脆弱或被关注而让自己处于游离的状态。与将异国生活视为冒险的那些人相比，他们从这段经历中收获的东西要少得多。

学习第一，教授第二

有些人在承担国外任务，尤其在那些欠发达的国家承担任务时，会不自觉地产生一种优越性的防卫态度。他们相信自己能给别人很多，而

作为回报别人能给予的并不多。

对于因为其他原因在国外生活的人（从志愿者到传教士）来说，这种想法可能是正确的。如今很多跨文化培训都可以帮助人们在出国前发现自己的这种心态。这些人想的是管理而不是体验另一种文化。这么做的结果就是，他们在海外的生活演变为一种预言的自我实现，即他们付出了很多，但收获却很少。

不管你是在发展中国家还是在工业大国，或者发展程度介于二者之间的一个国家生活，最好是抱着可以学到很多东西这样的态度来看待这个国家的文化。在刚刚接触一种新文化时，这点很容易做到，因为那个时候兴奋和热情还占优势。但过了一年或两年之后，一种微微的蔑视感会开始出现。逼自己保持一种开放的心态，尤其是在面临不同的文化受挫后想要寻求熟悉文化的时候更是如此。你可能认为你现在所处的这个国家比较落后，这种判断会阻碍你领会深层的文化价值观和差异，而这些正好构成了你目前生活的环境。如果你抱着开放的心态去学习，努力地观察、倾听，你就会发现在标准操作程序之外，还能找到其他的解决办法。

我们认识某大型公司的 CEO，暂且称他为弗兰克。很多年以前，弗兰克的公司交给了他一项困难的欧洲任务。弗兰克在公司被视为"高天赋人才"，他总能获得成功，把握局面；他可以通过掌控新环境轻松地完成任务。但这一次，他意识到自己并不了解将要前往的这个欧洲国家文化中的微妙之处，因此在发布指令或建议对现状进行变革之前，他会倾听和观察。不仅如此，他还利用周末游历整个欧洲，试图了解他在办公室里不可能接触到的人和文化。到他任期结束时，他不仅赢得了员工的尊敬，还将自己的理念和战略融入新文化之中。这种适应能力让弗兰克受益匪浅。回到美国之后，他又获得了晋升。他解读形势的能力、凭直觉感知态度中微妙变化的能力，以及灵活的反应能力使他成为一名优秀领导者。

在不清楚规则或规矩时有效工作

在你返回国内时，这会是很好的习惯。如今，由于全球化和全球媒体引发的连续均质化，在任何国家的任何大公司中，公司规则和惯例都在迅速地变化。领导力模型（如坦诚）、运营矩阵（如六西格玛）、公司实践（如更长的工作时间与更短的午餐时间）正在随着每项新趋势或技术突破的出现而普及和不断变化。领导者不能等到一切都清晰了，等到一切答案都出现之后才行动。他们需要利用有限的信息来完成工作，同时在新信息出现的时候再据此吸收、评估和修正自己的策略。

在国外工作提供了关于吸收、评估和获取这些技能的培训。大多数人担心他们会因为不懂当地的风俗而在商业或社交场合失礼。他们还担心自己看上去不称职，因为他们不知道如何找到正确的方法应对国外的官僚政治，不了解运输系统，甚至在餐厅点菜这样简单的小事也让他们感到棘手。

面临这些情况时你不必惊慌。更重要的是，不要因为害怕暴露自己的知识不足而不敢说出"我不知道"或问一些"愚蠢"的问题。对于领导者而言，通过说"我不知道"向他人表明自己也存在着不足是一项技能，这项技能在任何情况下都能为他们创建一个学习环境。在国外，作为领导者，你可以实践"并非事事皆通"的回应，学习你需要知道的东西并愿意尝试犯错。在餐厅点了牛排却等来了炖鱼，然后下决心尝试一

些新事物或学习一些你用得着的词汇。类似地，如果你需要一份营销计划而你的直接下属提供给你的报告却包含了各种次要的、枝节性的或不相干的信息，不要因为沮丧而放弃。留意这些次要的和枝节性的信息，看看这是否就是下属向你提供你真正想要信息的方式。

通过行动学习项目和其他全球领导力培训体验，我们见证了当人们做正确的事情时，国外暂住为他们带来的积极影响。尽管行动学习只能提供一个短期的环境（在国外生活数周或者一个月），但它带来的影响却是深远的。该项目的目的是迫使管理者依赖他们自身的资源：他们需要为自己制订旅行计划和生活安排，也需要通过了解公司和当地人的工作方法来应对商业挑战。像强生、通用电气、诺华制药和帝亚吉欧（Diageo）这样的公司也有类似的全球项目，它们有意将管理者派往一些他们语言不通的国家，禁止他们使用一些常见的支持性工具，让他们体会首次踏上另一片土地的旅行者才能体会到的困境。这种困境要求当事人能够搜集信息，具备创造力，全面考虑那些被认可的惯例和信仰。

返回国内

回想你第一次独自前往另一个国家的情景。也许你在大学期间去过欧洲或者去过安第斯山进行冒险。也许你加入了美国和平队（Peace Corps）或者在人道之家工作过一年。即使这些经历是在很多年前发生的，你仍然会回想起当时所体会到的文化震撼，尤其是在你回到家中的时候。我们曾同很多管理者以及非商业人士交流过他们从这段经历中学到了什么，他们提到了很多我们在前面已经阐述过的观点：对多样性更为欣赏、从全新角度看待事物的能力等。下面是另外两个常见的收获。

有关自己是怎样的一个人、为什么要做自己正在做的事情的洞察力

在国外生活无异于一种警醒。它让你重新审视自己的一些信念和行为，并暗示二者在很大程度上都是基于文化的。当旅行者返回国内之后，他们能从一个全新的角度来看待这些信念和行为，并时时进行反思。

增强自己忍受脆弱和孤独的能力

在另一种文化中持续生活一段时间常会让人有孤独的感觉；领导者面对的不再是熟悉的人和环境。正如我们曾提到过的，此时的环境也迫使领导者承认他们确实知识不足。返回国内之后，领导者就可以更好地应对生活中和领导力上的脆弱和孤独。

也请注意，返回国内会使一些人对原本的生活环境产生负面看法。尤其当他们在国外多样化的环境中生活了几年之后，回到单一文化环境会让他们感受到无法形容的乏味。他们已经开始欣赏人的差异性而非相似性，统一的思考方式和论调只会让他们感到厌烦。研究表明，返回国内的管理者在刚回国时最有可能离开公司，因为公司没有意识或赏识他们在国外的经历，也没有承认他们所经历的变化，或者为他们提供更具挑战性的任务。

对领导者而言，这样的反应可能成为改变现状的动力。在有些情况下，人们会要求公司再给他们一项海外任务，或者为了满足自己对多样性的渴望而找一份新工作，甚至开启一份新事业。

不过，在大多数情况下，国外的生活会使人成长，变得更为成熟。

有可能其他人不会欣赏这种成长和成熟。例如，你的公司可能就不会欣赏你的新观点或你对多样性的容忍度。而其他公司则可能意识到你正是他们在全球市场上取得成功所必需的那类领导者。

第12章

在工作和家庭之间寻求
一种有意义的平衡

　　领导者发展的各个阶段存在着各种各样的矛盾，其中工作和家庭之间的矛盾尤其具有挑战性（我们之所以使用"家庭"这个术语，是想涵盖工作之外一切有意义的支持体系，包括配偶和朋友）。关于这个主题，已经有过很多专业论述，但是不同于大多数领导力顾问和教练的观点，我们不相信在这两者之间存在着平衡。如果你想在工作和家庭之间达成一种理想的平衡状态，那么等待着你的只会是失败。如果你希望每周在公司工作 40 小时，同时陪伴家人和孩子的时间也是 40 小时，最终结果很可能是双方都不满意。事实上，如果你是一家跨国公司的高管，基于工作中竞争的本质，你一旦接受了这种挑战性的任务就不可能实现真正的平衡。虽然你无法实现理想状态的平衡，但是相对意义上的平衡还是可以实现的。

　　在当今竞争激烈的职场环境中，工作和家庭其中一个领域注定会受到影响。有时，你需要为公司和事业做出一定牺牲，有时则需要为你的家庭做出牺牲。不平衡已经成为常态。因此，关键在于去实现一种有意义的动态平衡——能够灵活、审时度势地处理问题。换句话说，你和你的家庭应该就工作需求和家庭需求达成一致意见，你也应设法尽可能地按照这些准则行事。在战略规划和预算制定或者年终评估期间，你可能投入大量时间在办公室加班，但是你需要事先与家人商量，确保他们同意你暂时不按照既定准则行事。你也可以决定严格遵守准则，限定自己的工作时间并接受这么做对你事业的不利影响。

　　有意义的平衡的含义是指这种平衡对你本人有价值。乔和他的家人可能愿意接受下面这种状态——未来 10 年间乔因为工作原因需要长期各地出差，并会因此错过一些家人的生日、周年纪念日，以及孩子的棒球比赛；而珍妮特本人和她的家人不愿意她过多地出差或者错过很多有意义的活动。因此家庭成员需要共同制定"平衡"。

本章论述的这个阶段对人们领悟"平衡"的真谛是一个良好时机。大多数情况下，人们会因为生活或工作中遇到一些事件促动他们思考，从而开始关注家庭和工作的意义所在。也许是配偶要求离婚，或是他们被解雇了。面对这种困境，他们会扪心自问："我做这些到底是为了什么？""事业对我真的那么重要吗？"对于很多在美国生活的人来说，2001 年的"9·11"事件带来了类似的反思，并促使他们去思考自己应该怎样度过余生。

为了确保在这个阶段能够获得学习和成长，我们先让你对人们在应对这些问题时的内外部反应有一个感性的认知。

开始意识到平衡这一问题

这个阶段经常是来得过晚而不是过早。年轻的管理者通常都是雄心勃勃，愿意长时间地工作。那些刚毕业不久、任职于顶级咨询公司的 MBA 可以接受甚至乐于全天候工作。咨询公司经常会为年轻的员工提供免费用餐，以鼓励他们延长工作时间加倍努力为公司工作。这些初涉职场的年轻人因可以全国各地出差以及将自己的知识和理念付诸实践的机会而兴奋不已。很多时候，他们甚至忘记了关注个人幸福，他们更愿意牺牲个人生活来换取事业上的进步。

即便他们有了自己的另一半，他们也经常向其说明，工作应该放在

第一位。

即便 30 岁或 40 岁的高管也没有敏锐地意识到在二者之间保持某种平衡才是正确的做法。如果他们结婚生子，他们和配偶会倾向于将事业和经济收入放在首位。夫妻双方会关注于实现一些具体的目标，如生活在某个社区、面积达到一定标准的房子，或者确保孩子进入私立学校并有稳定的假期，而工作则成为他们为了达到这种目的而采用的一种手段。

在进入中年之后，某个特定时刻这一切都会发生变化。有时候是职业生涯的某个困难时期，如遭受重大失败会触发这种变化。其他时候，则可能是个人生活发生剧变（如失去亲人）促成了这种变化。不论具体原因是什么，这种变化都会导致个人同工作之间产生断层。当事人会开始对自己为公司和事业所做的牺牲产生怀疑。他会反思，在孩子童年时代的大部分时间里不能同他们在一起或者危及与另一半之间的感情是否值得。他甚至可能对自己投入工作中的所有时间和精力产生怀疑。他会自忖："生命中肯定还有更重要的东西。"他会怀疑自己是否应该与妻子在一起做一些更有意义的事情而不是总想着怎样销售产品，以及是否与他最珍视的人之间的关系或者建立精神上的联系要比工作更为重要。尽管这样的怀疑有可能导致他们辞职，但通常的反应则是想要在工作和家庭之间寻求一种有意义的平衡。

当然，有些人也会在觉醒之后发现，他们过于重视家庭，以致忽略了事业。他们以往没有像公司期望的那样，频繁出差或者长时间投入工作。他们可能拒绝改变自己的工作地点，因为他们不希望家人被迫离开熟悉的环境，他们也可能选择报酬相对较少但对他们各方面要求不那么苛刻的职位。有时，他们也意识到他们在商学院的同学或者一起获得第一份工作的同事的职位已经比他们高出好几级，并为此产生了挫折感。他们甚至开始怀疑工作和家庭之间的平衡是否有意义，因为他们无法像那些更成功的高管那样为事业做出牺牲。

但在现实生活中，大多数经历这个阶段的人是因为他们在工作方面的投入超出了他们在家庭方面的投入；部分女性则恰好相反。在她们职业生涯的早期，她们面临的选择是：应不应该组建一个家庭。因为这意味着可能六个月到六年的时间不能工作。不论时间长短，她们通常都会发现，很难再重拾她们离开时所从事的工作。此外，相对而言，只有很少有了孩子的女性会升至高管的位置。尽管这种情况正在发生转变，但有些公司的领导者仍然相信有孩子的女性就是没有办法全身心投入工作中。

尽管女性对这类态度表示反感是可以理解的，但我们认为女性经常要比男性更早地面对工作和家庭的平衡问题。越来越多地，女性开始通过丈夫同意做全职爸爸这种形式来解决这一问题。如果不采取这种方法，女性则会决定晚一些要孩子。还有的女性会依靠专业的保姆来解决问题，以避免长时间不上班的情况出现。不管女性采取何种方式，通常情况下，与男性相比，这个阶段对她们来说更为紧张。要取得富有意义的平衡，她们通常需要一年的时间。同时文化标准，以及朋友和亲属的看法，会使她们因为自己将孩子托付给保姆而产生强烈的负罪感。

不管你是男性还是女性，进入这个阶段，就意味着需要在工作和家庭方面都得到满足感。问题的复杂之处在于，公司鼓励你在工作和家庭之间取得平衡。从 CEO 到你的上司，每个人都可能鼓励你尽情享用自

己的度假时间，每天回家与家人共进晚餐。无疑，在说这番话时，他们的态度是真诚的。遗憾的是，工作的现实状况使他们的良好愿望变得毫无意义。公司希望员工能够达成这种平衡，但不希望他们的工作受到影响。如果员工愿意的话，公司会尽可能地占用员工的时间。尽管从表面来看，强调员工应该花更多的时间同家人在一起显得比较人性化，但是裁员可就一点也不人性化——而如果员工没有将足够的时间花费在工作上，就会造成生产力的下降，裁员也就是必然的结果。

我们知道有一名成就卓著的管理者，他的妻子身染重病。公司表示非常理解，鼓励这名管理者花时间陪伴妻子。他也确实这样做了，然后在圣诞节的前一周，他被解雇了。因为他的工作状况没有维持在一个可以为公司所接受的水准上，而在将他的业绩与同事的业绩做对比时，公司就不会再考虑其他的因素了。

尽管听起来很残酷，但这名管理者是按照自己的价值观在二者之间做出的选择，虽然他被解雇了，但是这种选择对他来说是正确的，他也会觉得问心无愧。他的价值观决定了在妻子需要的时候，他会义无反顾地去照顾心目中重要的爱人，即使这样意味着会失去工作。我们将看到，价值观是解决工作和家庭之间矛盾的关键所在。

1 考虑你需要忍受什么

我们不能过度强调每个人都需要决定在工作和家庭这二者之间选择何种程度的不平衡，以及他愿意付出多大的代价。例如，有些女性愿意为事业牺牲家庭生活，而有些女性则无法接受这样的选择。类似地，有些管理者愿意在职业生涯的早期而不是后期牺牲同家人在一起的时间，其他一些人会经受住公司给他们的每次严峻考验，他们的配偶也会在他们每次面临考验时提供全力支持。

一家大型财务服务公司的 CEO 给我们讲述过一个在他职业生涯中期发生的故事。为了赢得一次重要的晋升机会，应公司的要求，他同妻子和孩子需要搬到国内的另一座城市。因为这是他职业生涯中一次很好的机会，他也愿意这样做，而且妻子和孩子也为这次即将来临的新经历而激动不已。但就在他们举家迁往目的地（他们的车后是几卡车的全部家当）的路上，这名管理者接到办公室的电话，得知公司再次决定将他派往另一个办事处。这意味着他们得卖掉刚刚买下的房子，还得向孩子解释他们为什么不能去那个有湖而且气候绝佳的城市，同时还得在 24 小时之内重新安置好一切。不仅如此，这名管理者脑海里还一直翻腾着一些折磨人的念头，因为他想弄清楚管理层决定将他派往另一个地点的"真实"原因。尽管这个新决定会给他带来种种麻烦，这名未来的 CEO 还是没有对公司的决定产生怀疑，更不用说抗议了，他的家人也一如既往地支持他，也没有对再搬一次家表示反对。

对于很多人来说，类似这样的事件就会触发这个寻求平衡的阶段，他们开始对工作和家庭之间的取舍产生怀疑。有些管理者会辞职，至少会质问上司为何在搬家途中公司又决定改变自己的办公地点。这一切都取决于当事人，以及他或她的配偶和孩子在多大程度上愿意忍耐不确定性和不可预见性。

也许应对这个阶段最糟糕的方式（也是很多管理者会选择采用的一

种方式）就是否认你正在做出牺牲或者将为此付出代价。如果你四处出差，同时在工作上投入大量时间，并且在家里时脑袋中还装着工作，那么这表明你没有把心思放在家人身上，你的家人也会感觉到这一点。在最糟糕的情况下，你同家人的关系不断恶化，孩子会同你疏远或者感觉你很陌生。

即使在最好的情况下，你同家人的关系也会变得持续紧张。现在很多夫妻都希望对方能够承担起家务和照顾孩子的责任，如果你在这方面投入的精力过少，就会为此付出代价。这种代价可能是可以接受的，但是你需要考虑并与你的配偶讨论这一问题。如果你无视家务，或者说你为自己将工作放在首位找出种种理由开脱，那么你将为此承担无法预料的后果。

同样地，不要欺骗自己，以为自己可以用"多面兼顾"的方式来应对这种不平衡。我们曾指导过工作极其繁忙的高管，他们甚至在家中也会一直工作，他们也关注配偶和孩子，即使度假的大部分时间，他们也是在手机的通话中和计算机旁度过的，但他们仍然有同家人一起游泳、打高尔夫、观光和旅行的时间。他们承认，他们的工作时间过于紊乱，同时他们意识到，当他们与家人在一起的时候，度过的是一段"没有质量的时光"。这种说法不过是文过饰非。如果他们同家人在一起的时候没有全身心地投入（他们也很难做到这一点，因为每次交流都会被谈论工作问题的手机通话打断），之后他们只好自欺欺人地认为，他们满足了家人的情感需求。

有些人也会否认选择家庭第一位、工作第二位会产生负面影响。正如我们所说过的，有些女性发现，有了孩子之后再继续自己原有的事业会变得尤其困难。我们暂且不讨论这一点是否公平。也有些女性拒绝承认有了孩子会对她们的事业产生负面影响。如果她们事先没有与配偶或上司讨论这一影响，她们可能对此后的变化感到吃惊。如果她们相信，在有孩子之后一切都不会有任何变化。她们在办公室的工作时间，其他人注意到的她们对工作的投入程度，她们的工作时间表的灵活性都不会发生变化，那么她们在这个阶段一定会感到吃力。某一天，也许在与同事经过一番争吵或者同上司发生争执之后，她们就会意识到，自己在没有充分考虑潜在影响的情况下就做出了一项重大的决策。

当然，选择家庭重于工作或者试图达到一种完美平衡的并非只有女性。我们也曾指导并且见过，有的男性管理者会拒绝错过孩子生活中一些重要事件。他们会拒绝一个非常好的工作机会，只因为这会妨碍他们的家庭生活。我们曾看到这样一个案例，一位高管在公司的年度高层管理会议上迟到，因为他需要在家陪孩子过生日。这种选择符合他们的价值观，但是其中一部分人会在到达一定职位、止步不前后会感到极其懊悔。他们否认自己的平衡行为与他们所处的现状有任何联系。然后他们会变得极其愤怒和懊悔，他们没有弄清楚自己的行为如何导致了今天这样的局面。他们非但不利用此事作为了解自我的一个好时机并寻求一种有意义的平衡，反而陷入负面情绪的泥潭中不能自拔。

爱默生电气公司多年以来一直非常成功，这家公司的总经理麦克奈特说过的一段话让我深有同感。他谈到，在人的一生中有三件东西最为珍贵——健康、家庭和工作。而其中排在首位的就是健康。如果你没有一个健康的体魄，那么对家庭、对工作或者对自身的贡献都无从谈起。所以你的首要任务就是关注自己的健康。排在第二位的是家庭，工作排在第三位。诀窍在于在工作上投入的

时间应该使剩余的时间足以保证健康和家庭的需要。这样的折中才是合理的，因为在生活中，丢掉了工作，可以再找一份，没什么大不了的。而如果你的整个生活都建立在工作之上，麻烦就大了。为了取得成功，你需要投入大量的时间。每天你需要根据事情的轻重缓急做出决策。你或者会在工作中让某个人失望，或者会让自己的孩子或配偶失望。你不能因此而倒向哪一方。你的家人需要了解，公司也需要了解，你需要在很多变数中取得平衡。我想，如今在美国，最糟糕的状况就是已经有了孩子，并且夫妻双方都需要工作来养家的家庭。女性承受的压力尤其大，由于她们需要为自己、为父母、为孩子、为配偶、为工作负责，她们会产生巨大的负罪感；她们总觉得时间不够用；这种状况在一定程度上是可以接受的，但不要让它把你逼疯。轻松的解决办法是没有的。

——雷·瓦乌特，通用磨坊公司副董事长

要在领导力方面获得最佳的学习效果，并尽可能地得到成长，就不要拒绝而应该采取以下措施。

让你的价值观成为工作和家庭之间平衡的指南

首先问自己以下问题：

参加家庭日常的活动真的有那么重要吗？（孩子的学习途径有两种：父母在时是一种，父母不在时是一种。）

你是否相信婚姻意味着两人应该平分家务和孩子的养育责任？

你是否相信传统的典型的男女婚姻模式？你是否可能对自己没有意识到的角色或者没有关联到的角色产生感觉？

是否只有实现了雄心勃勃的职业目标才能使你得到幸福和满足感？

你需要考虑各种基于价值观的问题。在进入这个阶段之后，你可能感觉到摆在面前的问题让你无所适从：尽管家人讨厌住到沙特阿拉伯，为了晋升，你还准备搬到那里去吗？你无法运用逻辑的方法来得出答案，因为无论搬或不搬你都可以举出充分的理由。因此，你要花一些时间仔细思考你真正重视的事物。不可否认，如果你每周工作 80 小时，就很难再去想这样的问题，因此你可能需要在工作之余额外用一点时间来探究自己的价值观；你可以去乡下过一个周末或做一次长时间的散步。寻求教练或顾问的帮助也许会加速这一过程，他们可能为你提供具有说服力的测试，使你清楚自己真正重视的是什么。有些人视高位重于一切，有时他们的家人也会支持他们，而不论在追求高位的过程中需要投入多少时间和精力。而重视家庭的人则会为自己制定一条底线并拒绝跨越这条底线，如一周的工作时间不超过 40 小时。

例如，丹在一家大型软件公司负责某个部门的经营。公司赏识他的才华，并满足他希望多同家人在一起的愿望。当他所在的公司被收购之后，他需要面对新的上司、新的同事和新的工作流程。同某些经历过收购这一阶段的人一样，丹意识到他需要创建一个支持网络。他意识到自己可以利用午餐和工作结束后的社交聚会方式来建立网络，但他以往都会拒绝利用这些机会。丹习惯在办公桌旁吃午饭，目的是吃饭时可以同时工作，以确保他每晚准时下班同家人共进晚餐。由于他希望晚上能够待在家中，因此一天的工作结束后，他很少参加其他活动。丹的家庭观念非常强，在开始为这家软件公司工作时，他就挑明，自己不会接受一个会妨碍家庭生活的工作时间表。丹非常清楚自己愿意为公司付出多少精力。尽管他知道，由于没有立即将新的人际网络建立起来，他目前的

处境相对而言具有一定的危险性，但因为他的行为符合自己的价值观，所以他对自己的决定问心无愧。

让你的配偶尽早参与你关于工作和家庭的决定

就你的工作打算和工作底线与你的配偶达成协议。大多数人都是在发生问题之后才会讨论这些东西。而当他们开始谈论这些问题时，采取的方式往往是争吵。通常的情况是，一方错过了孩子的音乐会或比赛，或者又要出差 10 天，或者是错过了生日或周年纪念日，导火索就是一方已经做出了承诺，之后却又食言。所以需要在你的职业生涯早期讨论这种问题。你可以制定一些有限度的规则，这会帮助你在工作和家庭之间达成一种有意义的平衡。

密切关注你对待成功的态度

在进入一家公司之后，公司会修正你对成功的看法。他们以正式或非正式的方式向你灌输，你的成功意味着头衔、额外津贴、薪水和红利的晋升，这些是衡量你成就的标准。如果你在自己的整个职业生涯中都将这些奉为真理，在某个时刻，你就会问自己："这就是生活的全部吗？"

随着年龄的增长，你将拥有更广泛的生活和工作经历，你对成功的看法通常也会随之改变。如果你没有有意识地考虑或者与其他人谈论这个问题，你可能不会意识到这些变化。你可能没有发现，自己已经认为，培养情感健全的孩子要比在公司赢得某个位置更为重要。你可能也没有察觉，你在社区团体的工作比你的职业相关工作更能给自己带来满足感。因此，要注意你对成功的观念是在不断发展的。在这个阶段，不要被自己重新定义的成功观念所重创。你应该至少每年反思一次自己的成功观念，并据此调整自己的行为。

体验回报

　　我们已经知晓人们在工作和家庭之间寻求平衡的过程中是如何吃力，但这个阶段也会是一个可以带来高回报的经历。如果人们了解到如何寻求一种有意义的平衡，他们就会获得一个健全的自我。我们不希望变得过于精神化或理想化，但是这种平衡确实会带来情感上的和谐，这是因为你的生活与你的价值观和信仰相符。

　　我们所知道的一些最优秀领导者过着与自己的价值观标准一致的生活。他们曾经历这个阶段并找到了同时满足公司目标和个人目标的途径。结果是，他们的身上会散发出一种内在的自信，使得其他人相信并尊重他们。无论是从外表还是行为上，他们都与那些失去平衡感的人不同。失去平衡的人或者过度沉迷于工作，或者因为家庭问题而分心。而他们则是那种人们称为"行为无可挑剔的人"。这并不意味着他们已经在工作和家庭之间达到了一种完美的平衡，因为正如我们曾经说过的，不存在什么完美的平衡。有时配偶会抱怨他们外出的次数过于频繁，他们会因为理应办公而却在享受长达三周的假期而产生负罪感。但大部分时间，他们找到了一个平衡地带，使他们能够同时满足公司和家庭的需要。他们也具备了一名成熟领导者理应具备的素质。

> 我认为关注自己的健康和家人很重要。我定期度假。就是这样。
>
> ——托马斯·埃贝林，
> 诺华制药公司 CEO

　　这类领导者的成熟部分原因也是因为他们得到了家人的支持。当赢

得奥斯卡奖的影星或者获胜球队的明星级运动员将他们的胜利归功于他人的支持时，他们感激的致辞都是发自内心的。尽管偶尔有例外，但强大的领导者通常都有一个强有力的家庭或支持体系作为后盾。他们之所以在工作时充满信心和决心，一部分就是因为他们知道无论发生什么，他们总可以从家人那里得到支持。

最后，经历这个阶段的人会大大加深对自身的了解以及什么才是他们真正珍视的。在职业生涯的早期，很多颇具潜力的人都是工作狂，他们将自己的精力全部投入公司和事业中。即使在组建家庭以后，他们也会为自己的工作狂倾向做出合理的解释，告诉自己，以后还会有很多时间同孩子和配偶在一起。有一天，他们会意识到，自己同家人的关系已经过于疏远，以至于到了无法弥补的地步。很多年以来，他们一直沉浸在迅速决策、紧张的压力、高强度的会议、绩效回报，以及乘喷气式飞机四处出差的生活方式中。家庭生活对他们来说则完全是另外一个世界，很多管理者拿公司作为避风港，用以逃避节奏缓慢的私人生活。他们可能只是下意识地这样做，但是在某些时候，他们会意识到，自己的生活已被分为两个世界，配偶和孩子们在一个世界生活，而他们则在另一个世界生活。

最理想的情况是，在经历这个阶段的过程中，你应该在问题变得严重之前就着手处理二者之间的平衡问题。很多领导者会在这个阶段设定自己的工作时间和日程表，并与配偶交流，达成对方可以接受的行为底线。为此付出努力是值得的，因为经历过这个阶段的人会对自己有更为坚定的认识，他们清楚在自己的生活中，哪些东西才是真正重要的，内在的力量会使他们成为强有力的领导者。

第13章

放弃野心

尽管本章标题的论调看上去有些消极，不过这个阶段将让领导者走向成熟而不会愤然离职或者勉为其难接受现实。当然，这也不是失去工作机会或者没有得到晋升的自然反应。你不必安慰自己："我只是不够具备胜任力。我想我在退休前会胜任的。"我们期待的是你能够去热爱你所从事的工作，而不是急功近利地寻求一个"更高"的职位或者提升你的职业背景。放弃野心是一种顿悟式体验，因为这是一次你生命中的初次体验，体验到工作需要和职位之间的完美融合。经过多年对"下一步"策略的规划，同时总以警惕的另一只眼睛瞄准新机会的诱惑，你必须高度专注于你目前所从事的工作，而不对其他外界事务产生兴趣。

"放弃"的含义

已故披头士乐队的乔治·哈里森曾经说过："我的野心就是放弃野心。"我们感觉到作为一个乐队的精神领袖，他渴望达到一个更高层次的思想觉悟。人们在自己的职业规划和能力发展上投入了巨大的精力，目的就是为了增加自己的职场竞争力。他们在公司里通常接收到的是这样的理念灌输：成功意味着晋升，管理更多的预算和更多的下属，使用更大的办公室，或者拥有更引人注目的头衔。这些确实很棒，但是到了一定阶段和层次后，这些就不再那么必要了。许多杰出的领导者在人生中会碰到这样一个阶段——重新定义成功。成功不再体现在职位的晋升，而是在掌控上。许多领导者达到这个阶段后将只会全心关注他们正在从事的工作，而这正是一名领导者发挥自身百分百潜能的标志。此时人的全部精力都聚焦在工作上，工作效率也会达到顶峰。

放弃野心并不是说向公司领导层宣布你不再追求晋升。事实上，我们建议接受教练辅导的高管不要将他们的这种想法告诉他们的同事，因为这样很容易造成误解。这是一个发自内心的过程。它会促使你全身心投入你所热爱的事业，而不会去关注你的职位或者职业生涯受到什么影响。

1 这是一个怎样的过程

可以理解，人们通常不愿意承认他们已经不再具有野心，因为他们担心管理者在听到这样的言论后会认为他们已经失去了要实现目标的动力和愿望。事实上，他们通常对自己也不太愿意承认这一点，经过多年奋斗，似乎不朝着下一个重大的目标努力就是不合常理。结果，有些人从未体验过这一阶段，因为他们相信（几乎是强迫性相信），他们必须追求下一个职位或头衔，即使他们对它毫无兴趣。他们就是那种即使得到提升，但依然对之前那份工作无限怀念的人。

你无法在一夜之间就放弃野心。这是你多年的经验和接收反馈的结果。你意识到每个人告诉你的成功定义不一定是真实的。你会发现成功并不是非黑即白，也并不是非赢即输。我们当中很多人都希望成长为CEO或者实现其他雄心勃勃的职业目标，如拿诺贝尔奖、登上《财富》杂志封面，或者赢得一项声誉卓著的科学奖项。这些目标都非常宏伟，但是迟早有一天，几乎每个人都会回到现实，意识到这些目标很难实现。经历这个阶段之后，你的愿望与现实会趋于一致。你开始承认，成功不

仅是职位的晋升，更意味着找准定位。你可以通过一直专注于你所从事的工作并越做越好来成就伟业。

↘ 学会接受自己的第二角色：马尔科姆

马尔科姆有着一个辉煌的职业生涯。作为一名训练有素的工程师，他曾管理着几家小型的软件公司，目前他是一家大公司的技术主管。在职业生涯早期，马尔科姆一直想着征服一切。他雄心勃勃地开设了两家软件公司，想要向业界巨头发起挑战。在他开始经营第三家公司时，马尔科姆发现他喜欢的是产品研发而不是经营公司。他对人员选拔、管理会议以及业务评估不感兴趣。公司的财务细节让他感到脑袋发胀。于是他将公司卖给了现在的雇主，在新公司工作的头几个月里，他意识到他再也不想拥有自己的公司了，他也不想做现在这家公司的负责人。作为公司的首席技术专家，他从没像现在这样感到舒心。

我对自己手头的这份工作感到越来越不快乐，我意识到，自己将所有的时间和精力都放到与数字打交道上，我没有时间与客户一起工作，没有时间来激励员工，更没有时间来开发新产品——而这些正是我喜欢做的事情。我正在向霍尼韦尔国际的 CEO 这个职位迈进，其他人也在向这个职位迈进。我认为，如果我成为 CEO，我会用 5～7 年的时间让公司恢复到它原有的状况，而不是我希望它达到的状况。

一天，在下班开车回家的路上，我想象着霍尼韦尔国际的前景，一点也高兴不起来，我决定离开。我意识到，一切都是因为我想要成为这家大公司的 CEO。当我照着镜子反省内心时，发现霍尼韦尔国际对我的改变要远胜于我对它的改变。

——比尔·乔治，美敦力公司前董事长和 CEO

大公司对于马尔科姆来说是一个巨大的挑战，但是他乐于想方设法改进公司的现有产品，并为新产品提供创意。他也非常享受这种通过辅导来帮助他人解决技术问题的过程。因为他知识渊博，富有创新精神，又能迅速为公司做出贡献，公司允许他自主确定工作内容。他告诉公司，他不喜欢管理别人，同时他想直接向 CEO 汇报。马尔科姆还表示，他希望能够参加儿子的每场橄榄球比赛——他还担任球队的助理教练。当然，马尔科姆本可以向公司提出更多要求，他的聪明才智也让他成为 CEO 的最佳候选人，但马尔科姆认识到，目前的工作已经满足了他的一切愿望，他向自己和他人都表明了别无他求的态度。

↘ 逐渐迷失方向：马里莎

与马尔科姆不同，马里莎在营销部门一直工作了 30 多年。她总是能够将销售策略与管理技能很好地结合在一起，更重要的是，她具有很强的同理心并获得下属的信赖。我们应邀对马里莎进行辅导，因为她近期在一家大航空公司担任营销副总裁，感觉到工作很吃力。想想激烈的市场竞争和财务上的不确定性、破产的风险，以及所有航空公司正在进行的价格战，这个职位确实是一项挑战。从马里莎的履历来看，她正是这个职位的理想人选，因此人们对其未达预期的表现感到惊讶。

我们得到的信息表明她似乎失去了方向。下属抱怨马里莎不能提供足够的帮助，她既没有提供清晰方向，也不愿意花时间给他们反馈有价值的建议。而且，更让她的下属和管理者困惑的是，某些时候马里莎的表现又和从前一样：仍然能与公司外部的广告机构和公关机构合作成功，并为他们提供很强的方向性指导。但是其他方面，马里莎似乎不是

一个强有力的领导者，她既没有清晰的远见，也没有表现出十足干劲，而这些正是这个高级管理岗位所需要的素质。

如果你没有意识到这个阶段的特别之处，你可能会认为马里莎正处于消沉状态，她可能在处理一些个人事务或者无法胜任更高阶的职位。事实上，她正在经历"放弃野心"这个阶段。她最后告诉我们她已经打算好了，在这家航空公司干五年就退休（当我们开始给她做教练辅导时，她已经任职两年）。尽管她对退休计划很满意，但她发现自己很难适应新角色。

由于性别原因，人们对于马里莎担任营销副总裁持有偏见，她一直努力奋斗以证明自己。马里莎投入了大量的时间和精力去掌握公司政治并做出了精明的职业变动选择。这是生平头一次，她不想参与公司政治。她不想在公司内部或外部寻找更好的晋升机会，或者在会议上据理力争，或者为了获得更多的资产和财富而设法影响自己的上司。尽管她很喜欢目前的工作，也很满意在接下来的三年里继续从事这份工作，但是她已经开始不自觉地降低自己的影响力，因为她对这个阶段感到茫然。马里莎原以为她的野心才是她努力工作和表现优异的原因。没了野心，随之她就失去了动力和活力。只有意识到自己已经进入放弃野心这个阶段并开始自我探察，她才能关注到真正重要的事情——出色地完成工作，发展人才为公司留下宝贵的财富。她意识到自己正在从事一份非常棒的工作，因为她喜欢这家公司和这个行业，并且能够利用自己卓越的才干把工作做好。她开始进入职业生涯的"精通期"，其间不断的职位晋升将被不断的个人进步所取代。

如何成功地度过这个阶段

让我们来看一下你将如何避免马里莎所经历的问题，并采用马尔科姆的方式来度过这个阶段。

类似于前两个阶段，这是一个高度个性化的阶段，因为它要求你能够认清你自己。除非你清楚地知道自己工作的驱动因素，以及多年以来这种驱动因素的变化情况，否则你将无法成功度过这个阶段。起初，你可能因为你的发现产生焦虑。当今社会，尤其是商业世界中，野心勃勃被神化了。承认不再为更丰厚的薪水或者更显赫的头衔而奋斗会使你看起来像个异类。事实上，放弃野心是一种释放心灵的体验，它会使你成为一位高效能的领导者。

为了放弃野心并代之以积极的心态，请按照以下方式行事。

承认这个阶段在每个人身上都会发生，现在正发生在你的身上

多年前，心理学家戴维·麦克利兰发现，人的一生存在三种动机驱动：归属感、成就感和权力。在十几岁的时候，归属感在动机中占有主导地位较为普遍，而到了事业上升期，成就感则变得更为重要。但是麦克莱兰同时也发现，几乎所有人的成就欲望都会达到一个峰值，之后其他动机就会占据主导地位，这是一个几乎每个人都会经历的过程，尤其特别的是，它经常在离正式退休还有很长时间的时候发生。很多高管已经放弃了野心，只是他们不会去公开探讨这件事。在某种程度上，是因为他们意识到，在一个金字塔结构的工作体系中，塔尖的位置永远只有

一个。当他们不必再为塔尖的位置拼搏以至于筋疲力尽时，放弃野心会让他们产生一种从未有过的力量。

接受现实不仅是满足于你目前所处的位置和所做的事情。因为随之而来的还有压力感（"我已经失去了动力"），以及无精打采（"为什么我应该努力工作"）的状态。与你信任的教练或导师共同探讨来帮助你解决这些问题。优秀的顾问会将你的经历放到具体的情境中去思考，向你展示放弃野心是所有领导者迟早都要经历的阶段。而"躺倒不干"则是那些仍然抱有野心、在失败后无法直面失败的领导者才会有的反应。

将精力放到正确的地方

只要仔细想想，你就会发现在一年之中，你在建立人脉、与上司交流情感以及参加各类面试花费了大量时间和精力。同时，你在这个过程中情感上承受着巨大压力，经常为丧失机遇而忧心忡忡以至于夜夜失眠，或者为选拔过程担忧而出一身冷汗。请按照以下方式做练习：

- 估算一下过去 10 年间你为了晋升用于游说上司所花的时间，为了在公司受到关注、为了给自己的贡献增加筹码所花的时间，为了打压竞争对手以及与猎头顾问沟通其他机遇所花的时间的总和。

- 建立一份你曾梦想过但从未得到过的职位列表和一份你曾被接纳为候选人但是最终选择了其他人的职位列表。

- 想一想你的工作业绩是否会因为竞争（追求更高的规模、谋求职位和想方设法晋升）所产生的压力和焦虑感而受到影响？是否你的工作业绩已经受到了影响？

如果你同大多数人类似，那么这个练习会使你意识到你还有额外的时间和精力可以用于提高自身的工作效能。想一想你当前的这份工作以及它带给你的满足感。你愿意花更多的时间在哪些方面？如何让关注力聚焦于那些可能对你的人员或整个公司产生重大影响的问题？你是否一直希望能够从事自己喜欢的某个项目？这些问题有助于你确定如何逐步提高自己的工作效能，并顺利通过这个阶段。

重新定义成就

很多管理者将野心与成就混为一谈。他们用金钱、头衔和职位来衡量自己的成功。这种衡量标准只会在职业生涯的一定阶段有效，而在"放弃野心"这个阶段，需要创建新的衡量标准。或许你可以用从事自己喜欢职业的时间长短来衡量，或许你基于一个你重视目标的实现过程来衡量，如实现目标收入、达成利润增长、占领市场、彰显市场定义、引入新产品、胜诉或者其他类似标准。同时必须牢记，放弃野心不代表同时放弃雄心勃勃的项目。只不过，这里讲的项目并不是通往最终目的的一种手段。

成就他人，留下财富

放弃野心的领导者称得上公司中的明智之人。他们对自己的生活目标有着更为清醒的认识，他们愿意为工作本身而不是他们的职位奉献自己的精力。因此，他们通常能够赢得下属和其他同事的高度尊敬，因为这些人了解他们不是在为个人谋求利益，会向他们寻求建议和支持。

放弃野心的领导者有可能在他们感兴趣的领域成为真正的专家。由于不再受职位目标的驱使，他们可以专心从事自己最擅长的工作。这样，他们就会成为公司中在某个特定领域的专家（如马尔科姆），他们不仅有更多的时间和精力来收集信息，而且不用再担心从事某些项目对自己职业发展的影响。他们愿意为了获取重要的知识而冒风险。

最近，我们碰到了一位几年前曾参加管理课程的高管，我们对他的个人变化感到吃惊。他体重减轻了，保持定期锻炼和合理饮食，人看上去心情愉快、神清气爽。他仍然在一家大跨国公司担任高管。当我们问起他转变的原因时，他说是"挽留协议"。他解释说由于业务合并他和公司签署了一份合同，在合同中他承诺为公司工作三年，之后他可以得到一笔丰厚的奖金。由于这份协议，他平时工作中的那种竞争心理被大大削弱了。他现在知道自己要做什么以及在不久的将来要在哪里工作。转瞬之间，他变得更加平静、专注和放松。如此，他能以一种更加健康的心态来看待成就，包括照顾好自己。作为领导者，他不再那么冲劲十足，但变得更脚踏实地，甚至更富创造力。

通常而言，放弃野心的领导者都是公司最优秀的人才发展专家，这一点毋庸置疑。对于那些为自己的职业生涯而努力奋斗的人来说，发展他人有时要更为困难。他们可能将下属视为职位的竞争对手，更普遍的情况是，他们更愿意将时间和精力投入自身的成功而不是他人的成功上。尽管发展人才的观念很盛行，但是领导者通常觉得这样做的回报不如实现其他目标的回报高。

几年前，霍尼韦尔国际制定了一项在全球范围内奖励公司最优秀的人才发展专家的制度。每年公司会给大约 50 名通过各级区域提名选拔出来的优胜者发放丰厚的奖金，并授予他们很高的荣誉。获奖者都是一些卓越的领导者，作为一个群体，他们代表了在一个现代化的公司里取得成功的另一种方式。在他们的领导下，人才不断涌现，这相当于为公司留下了一笔宝贵的财富——对他们而言，这笔财富要远比效益、收入、项目和参会更值得铭记。

当放弃野心之后，你会经常从他人的成功上获得满足感。你达到了一个将自己的智慧传授给下一代的高度。你不再严守自己的知识，把它作为晋升的筹码，而是希望其他人也能从你掌握的经验技能中获益。在成功地度过这个阶段后，你会具备一名导师所具有的耐心和慷慨。过去，你对缺乏经验的下属没有耐心，你可能不愿意示范和指导，也不想倾听他们的意见和建议，因为你感觉自己需要去参与更重要的事情。而现在，示范、指导和倾听在你心目中的地位大大增强了。

如果一家公司的高管团队都是一些眼睛只盯着更高职位的人，那么这家公司的文化会反映出激烈的竞争。尽管竞争是资本集中的驱动力，对公司的生存发展至关重要，但是人才开发对于公司的发展同样重要。很多公司幸运地拥有了一批居于高位的睿智的领导者，他们放弃野心努力前行，身体力行地创造着卓越的公司文化。他们中的一些人努力培养未来的领导者，一些人努力关注找到提高工作效能的方法。如果放弃野心，你就为公司的领导层增加了一项宝贵的要素。

第14章

面对人生剧变

提到"人生剧变"这个主题，我们会联想到各种各样的灾难、危机和痛苦，其中最常见的就是亲人的离世、罹患疾病和离异。还包括有关孩子青春期综合征、法律纠纷以及财务困难这些问题。尽管这些问题的实质可能并不一样，但是它们都会给领导者的生活带来混乱。无论是身体还是心理，都将面临巨大的不确定性。经历剧变之后，一切都和以往不一样了。

绝大多数人认为这些事情与领导力没有关系，甚至大多数领导者都把爱人离世、离婚和悲痛视为私事。他们告诉同事这些事情仅仅是为了宣布一个信息，如他们离婚了，或者由于有亲人去世所以最近几天没来上班。但是除了宣布个人身处悲伤这一事实之外，他们一般不会向他人吐露自己的真实情感，以及这件事情给生活带来的巨大变化。当今的职场规则告诉我们：不能在工作中表露任何个人情绪，个人生活的起伏与工作表现无关，暴露自己的情绪就意味着脆弱。更为重要的是，随着职场政治化日益明显，有些人甚至认为询问他人的健康状况是不得体的或危险的行为。众多年龄大一些的领导者都是在军人似的老板威压下成长起来的。即使年轻的领导者，无论男女，也倾向于不把个人困惑或不幸带到办公室，他们担心让人感觉脆弱或失控。这种过于公事公办的行为会抑制领导力的发展。

本书采访的大多数领导者都将他们所经历的这些个人损失或人生剧变视为自己人生发展中的重要转折点，无论是从个人还是从事业角度来讲都是如此。尽管如此，对他们而言，工作期间谈论个人问题似乎仍然是无意义的，虽然正是这些剧变和不幸造就了真正的领导者。面对个人生活中的剧变，最糟糕的反应是你依然表现得同往常一样，对任何人

都否认问题的存在，或者掩饰你正在经历事情的真相。这种虚伪的行为不仅会让别人疏远你，而且你那种不自然的、若无其事的态度也会破坏别人对你的信任——而信任正是强大领导力的基础。人与人之间的关系建立在语言和非语言两个层面上，并且非语言信息往往比语言信息能带来更大影响力。言行不一致将带来信誉问题，尤其是对于那些不了解你正在承受什么的人来说更是如此，在个人生活的这个困难阶段，否认现实只会妨碍你的前进和发展。

1 悲剧是如何影响发展方向的

让我们看看几个让人震撼的故事，故事里的主人公以不同的方式处理各自人生中的剧变。

↘ 领导者的人性化：吉姆

吉姆·雷尼尔是 20 世纪 90 年代霍尼韦尔国际的 CEO 和董事长。在进入霍尼韦尔国际高管层之前，他是一位努力工作的管理者，一向以为了达成目标对他人表现得咄咄逼人而著称。他非常聪明，并且拥有化学工程学博士学位，展现出强硬的个性和极具进取精神的领导风格。吉姆并非那种始终受到雇员爱戴、和蔼可亲的领导者，但是他思维敏捷，具备战略眼光，善于取得成效，因此他能够在职业生涯中一步步向上。

生活中我经历的最大挫折就是和第一任妻子的离异。那是一次巨大打击。不仅是因为分居，也因为我将和三个年幼的孩子分开。我当时事业刚刚起步，才拥有了一些资产，但是这些资产立即被剥夺了。我最终离婚了，并失去了所有资产，只能租房子住。欣慰的是，我还有一份工作，孩子的住处离我那里只有一小时路程，我的职业仍处于未成型期，我没钱买房子。我每个周末去看孩子，我无处可去，因为我没有家。那就是我当时的处境，而且我被各种各样的问题所困扰——我要做什么？我的方向在哪里？哪些东西重要？哪些东西不重要？我该如何应对？除此之外，我还反省自己的方方面面，看看是自己的哪些方面导致了当时的局面。好多新事情需要面对：我保持什么样的心态？我对前妻持什么态度？我如何处理与三个孩子之间的关系？我如何处理自己的事业？一切的最佳结合点在哪里？我可以说，当时我生活中的一切都处在一个十字路口。这件事情随时可能走向一个完全不同的方向。我独自生活了六年，没有很快再去找一位妻子，而许多人都选择这条路。苏格拉底说得再清楚不过了，他说："了解你自己！"只有真正了解自己，你才能充分挖掘并利用自己的所有潜力。你必须了解你是怎样一个人。了解使你与众不同的东西，了解让你强大和处于优势地位的东西，以及你可能永远不会改变的缺点。

——雷·瓦乌特，通用磨坊公司副董事长

吉姆在霍尼韦尔国际的职位步步高升，就在这时他妻子得了癌症。照顾妻子和年幼的孩子占用了他大量时间。后来妻子去世了，吉姆回到了工作岗位上，但是此时的他已经有了很大变化，他不再是大家以前眼中的那位强硬领导者了。妻子生病期间他全程看护，妻子去世时他悲痛万分，紧接着他帮助孩子面对失去母亲的现实，并且作为父亲抚养三个孩子，这一切在精神上对于吉姆来说无疑是很困难的。他置身于一个与以前完全不同的境地，同时必须面对情绪上的剧烈波动。

从吉姆的叙述中看出，回到工作岗位上时他像换了一个人。他的这次经历使他变得更加人性化。他比以前更注重自己的感受，更注重情感投入，更富有同情心。吉姆变成了具有另一种风格的领导者——对人与

人之间关系感兴趣的专家。他在霍尼韦尔国际发起了一个活动，旨在帮助那些结果导向的技术型领导者懂得自尊的重要性。同时，吉姆还公开与大家分享探讨他经历的这个阶段，以帮助人们了解当时他所面临的问题，以及如何给他带来个人和领导力方面的改变，并使他在情感方面成熟起来，而这正是担任霍尼韦尔国际董事长或者成为一位高效的公司领导者所必需的一项素质。

↘ 领导者的退化：德鲁

与吉姆不同的是，德鲁从一开始就是一位有同理心的领导者。他卓有成效直至成为公司人力资源部的最高领导者，一方面因为他是一位出色的管理者，另一方面因为他为公司的人才发展做出了巨大贡献。德鲁的团队伙伴认为他是一位能鼓励和关心员工的上司，都非常乐意与他一起工作。

德鲁的婚姻生活很幸福，他有三个孩子。老二是男孩，是一位橄榄球运动员，他生活紊乱缺乏规律。德鲁曾尝试过为他制定一些规矩，但是他的这个儿子总拿这些规矩不当回事儿，而德鲁也不是强硬的人。一天晚上，德鲁的儿子在一场聚会上酒后驾车，直接撞到了树上。人虽然幸免于难，但是脊柱受到了严重伤害，导致颈部以下瘫痪。德鲁为这次事故深深自责。他陷入极度的消沉，因为他感觉在酒后驾车的危险性上，作为父亲，自己本应对儿子做出更为严格的要求和更有效的沟通。

在这次事故之后的两天，德鲁返回了工作岗位。尽管每个人都知道发生了什么，但他除了讲儿子在一次汽车事故中受伤，还躺在医院中治疗之外，拒绝透露任何其他信息。他无视管理者的好意，不肯告诉管理者他正在经历的痛苦和情感上的需要。德鲁坚持认为工作是最好的疗伤手段，因此他开始长时间待在办公室里。他似乎觉得工作可以让他逃避负罪感。

由于儿子的瘫痪，德鲁的行为发生了变化，这种变化倒也并非一无是处。他开始关注细节问题——这是人力资源部负责人应有的一种品质。但是他的时间和注意力过多地放到了小事上面，导致他忽视了一些重要事情。例如，他在一个关键项目（应新的法律要求对雇佣草案进行修补）的进度大大落后，因为当时他正在关注一个应用新软件的工作。尽管德鲁仍然平易近人，能够体谅他人，但每个人都可以感觉到他的体谅像是敷衍了事而不再是发自内心。他会倾听你的看法、点头，并表现出适当的反应，但他似乎总是有些心不在焉。

两年之后，德鲁被公司降职了。原因并非在于他是一位糟糕的领导者，只是作为领导者，他的能力下降了。与他儿子出事前相比，人力资源部的运作不再那么平稳、那么富有创新意识，并且德鲁似乎对工作也不再投入。

作为领导者，德鲁能力的衰退不仅是因为他生活中的悲剧，也因为他无法面对个人得失和直面他的负罪感，并继续前行。现在已经没办法知道当时德鲁如果接受了主管的帮助，他是否会从那场灾难中恢复过来。这次事件本可以使德鲁有机会更为清醒地认识自己。但由于背景、信仰，或者行为方面的原因，德鲁无法振作起来完成这次蜕变。

↘ 转变领导形象：朱利安尼

我们来看看另一位因为人生悲剧而发生转变的领导者：鲁道夫·朱

利安尼。在"9·11"事件之前，有些人认为这位纽约市市长傲慢无礼。经历这次事件之后，由于对恐怖袭击和人员伤亡惨重的反应，他在公众心目中的形象发生了变化。他没有握着拳头威胁恐怖分子或者有意做出平静的姿态，而是敞开自己作为普通人的一面，向众人展示自己的悲痛之情。他向那些需要安慰、鼓励和希望的人伸出了援助之手。他的一言一行似乎没有什么值得大书特书的地方，但他展现出了有血有肉、有情感、懂得关心别人的一面。正是因为在这段困难时期的真情流露，他成为一名异常强大和高效的领导者。他的脆弱使他与数百万与其一同悲伤、一同遭受损失、一同表现出博爱精神的美国人紧紧联系到了一起，他的行为展示了什么才是真正的领导力。

如何应对剧变

不管你承受的人生剧变属于何种类型，你的情感历程都是一种使你成为更好的领导者的催化剂。不过说起来容易做起来难，对男性领导者来说更是如此。很多女性领导者往往能够更好地表达她们的情感，勇于承认她们因为离异而心烦意乱，或者因为孩子的行为举止而怒不可遏。女性领导者经常会找一位同事（通常也是一位女性）来帮助自己处理情感问题。而男性领导者则通常通过关注目标和解决问题来转移注意力，而不是体验或表露他们的情感，因此这个阶段对男性领导者而言更具有挑战性。我们指导过的很多领导者都盲目相信，在出现个人危机时，他们的工作表现尚可接受。而事实是，他们心神不宁，工作效率只能达到原来的一半。实际上，在表面显得一切正常而内心正受到痛苦的煎熬时最容易犯重大错误，因为其他人会以为你已经恢复过来了。有时，为了让你转移注意力或者帮助你，他们给你一些新任务，让你承担新的职责或挑战。而恰恰在这种时候，你面对新任务会感到极为吃力。

要在你的生命中某个困难的时期里学习和成长，并利用逆境来发展自己的领导力，请考虑采纳以下建议。

展现自己的脆弱

悲痛是一种很常见的人生体验，它会将人们联系在一起。在应对悲痛或艰难时，没有谁是专家，但我们仍然感觉自己应该可以更好地做出处理。在面对这一普遍、困难和无法逃避的个人经历时，领导者应该为其他人提供基本的模式和标准。尽管这似乎违背直觉，但向其他人解释你的挣扎、接受糟糕的医疗诊断报告、对付难搞定的孩子，以及经历失败会使你成为更有人情味的领导者，也会使你更具效率。在困难时期请求他人的帮助不是软弱，而是坚强。我们不愿意展现自身的弱点是一种对软弱形象的恐惧心理。但在现实生活中，展现脆弱的一面会使我们在别人的眼中更为人性化，将我们与他人紧密地联系到一起，使我们作为领导者变得强大而不是弱小。下属希望他们的领导者有人情味；他们知道领导者既有强大的一面，也存在脆弱的一面；在他们面前伪装自己只会造成关系的疏远并进而影响业绩。下属欣赏强硬但也有温和一面的领导者——那些在业绩方面说一不二，但在理解和领会人性方面表现得很温和的领导者。领导者也会尊重那些有勇气讲出自己的困境、感受，以及可以应对哪些问题、无法应对哪些问题的人。

不要伪装自己

在经历人生剧变时，领导者会有扮演某种角色的倾向。你成为一名"强大、有勇气的领导者"或者"把痛苦深埋在心底、表面上很快乐的上司"，因为你认为这才是别人会接受甚至喜欢的形象。在现实生活中，你的表现与真实的自己相去甚远，因而显得不真实，而这又会导致其他人避免同你接触或者不再信任你。如果你告诉每个人，说自己已经没事了，却一个人待在办公室里，其他人可能认为此时避开你最好，因为他们认为你不希望看到他们，也不想同他们交流。我们建议你在适当的场合流露出悲伤或愤怒的情绪——例如，找时间同工作中值得信赖的人交流并可以保证对话内容不会泄露出去。

接受命运并继续前进

这个阶段应对最得当的人一般都会接受生活本身变幻无常、经常会令人痛苦的现实，他们能够坦然地接受这些观念。他们不会沉浸在负罪感之中，而是反思所发生的一切，并在经过一定时间之后接受现实。

你可能知道有的人无法摆脱个人生活剧变的阴影。他们一直陷入痛苦的过渡期不能自拔，他们即使有所恢复但仍旧充满了自怜情绪。我们的建议是：你应该想办法将发生的负面事件作为个人成长和领导力发展的催化剂。逆境会提高人的领导能力。要找到合适的解决办法，你需要尝试多种途径——沉思、祈祷、心理治疗、反省或休假。即使为了体会到有意义的生活而投身于一项重大的目标或事业也会使你的生活重新走向正常化，并帮助你摆脱这次事件带来的混乱局面。一旦这样做了，你就可以确定下一步目标，以及为实现目标应该做什么。

全新的角度使领导者走向成熟

从某种程度上讲，除非你成功地走出这个阶段，否则你无法成为一名真正成熟、明智的领导者。直到你克服所爱的人去世、疾病、孩子走上错误的道路，或者离婚所带来的痛苦，你才会领会到没有沉重痛苦的生活是多么可贵。个人生活的剧变会使领导者展现人性的一面，还可以提高他们的沟通能力。

想一想吉姆·雷尼尔、鲁道夫·朱利安尼，以及无数其他的领导者如何在这个阶段展现出他们温情的一面。他们展示了自身脆弱、真实的一面，变得更加明智，更富有同情心，他们接受无情的命运，然后继续前行。

牢记，经历生活的剧变不会自动将你塑造成为一个明智、能体谅他人的领导者。以某些人的离婚经历为例，你可能已经知道某位同事经历过一次艰难的离异，即使你不知道他的配偶是一个什么样的人，你可能会猜测造成他们关系破裂的原因。在离婚的那段时期，他对自己的下属没有体现出应有的尊

我在公寓住的时候没有资产，而且我的孩子也不在我的身边，我和妻子也不存在和解的可能。此时人很容易陷入自闭和情绪起伏的状态中。我想……不断变化的生活经历对一个人是有帮助的，如离婚，它会使你发生很大的改变。我感觉自己在各个阶段一直都在承受压力，但我始终觉得，我知道自己是怎样一个人，也知道自己要做什么。即使别人觉得那么做不好，我却始终感觉那么做没错，我会只管前行，我直面各种局面，但不会让别人控制我的情绪。

——雷·瓦乌特，
通用磨坊公司副董事长

重。无疑，这种态度同样会影响到其他关系，很可能就是他的婚姻关系。而有些人则会意识到自己导致离婚的行为同样会伤害工作中的人际关系。他们领悟到，自己可以利用从婚姻失败中学到的经验教训帮助自己在生命中的一切领域创建一种可以长久维系的人际关系。结果他们会变得更为通情达理。

死亡也是一位残酷但是有效的老师。聚焦于通过情感经历向我们传达信息时，我们会超越自己的痛苦、愤怒和负罪感。有些精力充沛、要求苛刻的领导者会无意识地否认自己会死亡的可能性。他们无情地驱动自己和其他人拼命前进，无视自己的家庭，结果为自己挣得了难相处和讨人厌的恶名。所爱的人的离世会为他们再次提供一个机会，使他们有可能成为一名能够体谅他人的优秀领导者。一旦承认死亡是他们无法用成就、权力、金钱改变的，他们就会减缓自己急匆匆的步伐，控制自己的行为。经过一段令人悲切的时间之后，他们会用全新的角度来看待生活中的每件事，这种崭新的变化会促使他们走向成熟。正如佛教徒所说的，"如果你想理解生活，那么先理解死亡"。这句话的意思是，承认生命有限会使你更为重视生命的意义。

如果公司没有心理援助方面的机制

公司是建立在理性系统的基础上的。它们重视逻辑，其紧密结构和严格政策的目的在于防止人们行为混乱以及一些无法预知的因素。在基于理性建设的机构中，悲痛、愤怒以及其他极端的情绪状态都会受到强烈的谴责。天晓得一位处于极度忧伤中的管理者在负责生产管理的过程中会犯什么样的错误？谁知道一位满腔怒火的管理者在厌恶上司的指挥时会对上司说什么？

　　基于上述原因，各家公司尝试对悲痛或其他强烈的情绪进行分类处理。它们对处于困境中的主管提供教练，利用冲突调解会议来平息愤怒的争议，让那些还沉浸在悲痛中的主管放假休息，为需要心理治疗的人提供医疗福利。所有这些措施都很好，但无法对强烈的情绪进行清晰的分类。交谈之后，人们可能决定将他们快要爆发的情绪深埋在心底，但是这种情绪依然存在，尤其是在某些方面的个人生活剧变发生之后更是如此。

　　大多数主管在任职期间都会碰到所爱的人去世或者离婚这样的事件，公司应对这类事件的好办法是在组织中培养高效团队文化。高效团队的一个特征是保持感性和理性上的诚实。团队成员有权呈现自己最真实的一面。在巨大压力和雄心勃勃的目标下，只有每位成员都真实地讲出自己的感受，团队才能发挥作用。在这种情况下，他们不会有心思去摆出某种姿态、玩弄权术，或者小心翼翼地回避一些事情。

　　在倡导真实地表达情感的文化中，人们会有勇气说出自己的真心话。他们将自己的伤口暴露出来，这样团队才有机会参与疗伤过程。个人生活的剧变一向不易应对，尤其是在当事人失去所爱的人的时候，但是开放的公司正在逐渐学会帮助这些领导者从经历中获得成长而不是任由他们自我破坏。

第 15 章

对体系丧失信心

在这样一个公司丑闻、CEO 渎职和财务犯罪层出不穷的年代，对体系丧失信心是我们所处时代的一个特征。在今天的多数大型公司中，当你和同事或员工交流时，如果他们能够坦诚相对（就像他们在参加领导力发展课程期间所表现的那样），那么你很快就会甄别出更深一层的怀疑，甚至愤世嫉俗。通常，他们不仅对商业领域冷嘲热讽、半信半疑，而且以同样态度来看待公司及其领导者。有时候，这些人会从半信半疑逐渐转变成缺乏信心；此时，他们处于一个紧张的阶段，这是显而易见的。

我们采访了很多高领，听他们谈论公司以及为什么对体系丧失信心。我们听到过以下一段话：

> 我在这家公司工作了 17 年，其间担任过很多职务，并且为公司做出了巨大贡献。我出差、调职、周末加班、缩短或取消休假。我愿意为公司做贡献，因为我信仰这家公司的价值观。现在，我怀疑公司所谈论的价值观和它的实际情况是两回事。

令人们丧失信念并感觉到自己遭到背叛的原因多种多样：从目睹一件不道德的行为到忍受一系列令幻想破灭的事件。CEO 可能已经传达了一种行动方针，然后又变卦了。《华尔街日报》可能报道对美国证券交易委员会（SEC）的调查，或者美国食品药品监督管理局（FDA）会采取调整措施。高管可能宣布收购作为增长战略已经被排除掉，不料在几个月以后竟又宣布将进行一次大规模的收购。

背叛感还可能是关系驱动的晋升体系的结果。或者，升职很可能是基于政治而不是基于显而易见的业绩。人们还可能因为公司对待个人的

方式不同而丧失信心。员工日益感到烦乱的原因可能包括这样一些小事件：悄悄地将公司工作了很多年、马上就要退休的管理者免职，或者突然解雇了某位除了辉煌业绩的评价之外没有得过任何好处的员工。更不用说为了避免受到法律纠纷而采用诚实的交流方式也会引起传播小道消息的员工的戒心和冷嘲热讽。

在所有这些情况中，人们对公司的认知同他们对公司的亲身感受之间会出现断层。他们本以为这些人的所作所为会合乎职业道德，却不断地看到领导者使用数据来迎合预想的决策。或者，他们知道了 CEO 的巨额薪酬，但他同时却在执行针对整个公司内部进行的严控成本的任务。当管理层无法实现公司价值观或高管采用他们不应该采用的方式时，人们就会对体系丧失信心。

1 丧失信心和寻找意义

如果你丧失了信心，那么你就丧失了作为领导者的献身精神。但是我们将看到，即使在你丧失了信心的时候，你仍然可以发展自己的领导能力。

↘ 克服幻灭感

当莉萨接受采访的时候，她已经被聘为位于硅谷的一家公司的中级律师，当时她非常高兴。她以前在美国中西部担任一个家族式企业的总顾问助理，尽管她喜欢这家公司，但是她一直感觉不顺心。莉萨的政治观点和社会观念非常自由，但是她感觉到公司的创建者和领导者都非常保守，他们的政见造成糟糕的少数民族雇佣记录，他们仅仅是为了加强自身的政治观点而去支持慈善事业。她在公司工作了五年，工作称心如意，而且报酬可观，但是当她听说硅谷这家公司有个空缺时——这是一家因其号称女性的理想工作场所而备受各家媒体吹捧的公司——就去应聘并获得了这份工作。

莉萨在这家公司的头四年一帆风顺。她不但获得了两次晋升，而且公司还让她加入两个正在进行的、广受瞩目的慈善计划顾问团体中。在此期间，莉萨确实认为她正在为这个国家最优秀的公司效力，并一直这样告诉她的家人和朋友和新员工。她非常钦佩 CEO 的果敢和沟通力，并认定公司文化和价值观非常符合她的信念和工作风格。

第二次晋升时莉萨成为公司法务总监，从而进入 CEO 的直接下属团队。此后不久，她便对公司有了不同的看法，她开始丧失信心。巧合的是，时值 20 世纪的网络泡沫开始破灭，公司股票开始下跌。面临众多艰难决策，公司决定削减几项非常有意义的慈善事业的资金，其中包括一个乳腺癌研究中心。在一次就公司基金捐赠而召开的顾问委员会会议上，CEO 和两位男性直接下属开了这样一个玩笑：当经济复苏的时候，他们将寻找另一种可以提供支持的女性疾病。一位主管这样说："让我们下次考虑卵巢吧。"

每个人都大笑起来。尽管莉萨什么也没有说，但是她记住了这种不考虑别人感受的粗鄙行为。之后，她又参加了一个令人难以忍受的会议，CEO 和直接下属讨论员工裁员问题。作为讨论的一部分，他们需要讨论外部信息以补充公司的决策。公司战略是进一步裁减全职员工，以向华尔街分析家和记者证明公司很注重成本控制。CEO 解释道，他想将公司

定位在"在财务责任方面不仅对华尔街的赞誉要做到受之无愧，而且还要超出他们的预期"。莉萨的意见是也许有其他的替代方案，而不是解雇大批有才华、有技术的员工。CEO 认为，由于莉萨刚刚加入管理层委员会，所以可能没有在业务低迷时期管理公司的经验。

莉萨感到非常震惊，她理想中的 CEO 和管理团队不应该违背自己的价值观。但是参与管理层会议以及经济的低迷，使她进一步认识到同事的价值观是依环境和机会而定的。高管树立的"优秀工作场所"的正面形象只是一个错觉，他们实际上不想按照他们所说的那样去行动。

莉萨的内心一度因为这些新的认知而矛盾重重。最初，她对 CEO 和他的团队非常生气，曾经认真地考虑过辞职。但是，她越考虑这种方式，就越觉得这种想法没有什么吸引力。她热爱这份工作和随之而来的各项荣誉，愿意成为硅谷高新科技文化的一部分。更为重要的是，她认识到即使她不热衷于公司的领导事务，但是她仍希望与公司尤其是她所在团队的优秀人士共事。她对在培养下属方面取得的成绩感到自豪，并且不想放弃他们。此外，莉萨还代表公司加入了一个国家级环保组织的董事会。她明白，如果她要离开这家公司，那么她就需要退出董事会。莉萨意识到，尽管她非常气愤和失望，但是如果她留在这家公司，她就仍然会拥有一份很有意义的工作，无论作为领导者还是个人，她对这种情况都感到满意。

↘ 做出正确选择

在莉萨开始用挑剔的眼光来审视这家公司时，她本能地做出了正确选择。她原本可能辞职，或者她可以继续留在这家公司，但是不满情绪会日益增加，感到进退维谷，因为她无法原谅 CEO 的行为与她设想的不一致。但她找到另一种方式来重新使自己充满活力。

如果你发现自己正处于类似的阶段中，那么以下注意事项可以为你提供一些帮助。首先是不要去做的事情。

不要在愤世嫉俗中寻求庇护

值得赞赏的是，莉萨避开了愤世嫉俗阶段。但是很多人就没有那么幸运了。领导者在最初的理想破灭时经常会出现愤世嫉俗的现象。通常，从其他公司或者职位转过来的年轻领导者开始时感到新鲜，他们对工作既兴奋又跃跃欲试。如果他们运气好，他们就会找到一个富有挑战的角色和一个优秀的上司，为一家可以为他们提供实现抱负，以及学习和成长机会的卓越公司效力。但是，随着时间的推移，抱有理想主义心态的新员工最终都耗尽了他们的激情和活力。他们的老板为了将他们招到公司中，在招聘时可能向他们开出空头支票。他们意识到令人兴奋的出差需要他们牺牲和朋友约会的时间或者一些机会，他们本可以利用这些机会建立令人满意的关系。他们逐渐了解到，即使对公司文化有重要影响的高管也不是十全十美的人。他们还发现，他们原来认为自己正在为之效力的公司仅仅是一种想象的产物，公司的真实情况则无法满足他们的期望。

据我们观察，大多数公司的员工逐渐都会留下愤世嫉俗的伤疤，以掩盖他们伤痕累累的理想。我们遇到过很多愤世嫉俗的员工，他们通过嘲笑公司文化，巧妙地批判公司决策，表达对事情会有所改观的怀疑，对其他领导嗤之以鼻这些方式来应对自己的失望感。在很多情况下，这些挑剔的领导者与其他有着类似观点的领导者会走到一起，参与一些目

的是嘲笑机构政策和高管的行动的闲聊中。

结果是领导者工作起来没有目标和动力。他们能够高效地完成工作，但是缺乏真正的献身精神，他们仅仅是在完成任务而已。他们缺少激情和活力。他们不愿意多做工作，或者采取任何会使自己处于危险边缘的冒险行为。没有哪种行为比得上在愤世嫉俗中寻求庇护，更会限制你成为一名优秀领导者。

遗憾的是，这种状态还会使他们的创造力下降。如果关注的是逃避，那么你就无法发展你自己或你的团队，或者体验新的和多样化的经历，或者让自己冒一定的风险。当你确信你的公司无法改变的时候，逃避可以暂时抚慰你受伤的理想。当然，这些手段不会使你成为更加高效的领导者。

不要成为受害者

当不再相信公司的时候，你会觉得自己像一个受害者。你深信公司或整个世界误导了你，而你现在必须为此付出代价。你在办公室或家中徘徊，哀叹自己命运不济，以至于被卑鄙的老板引入歧途。

自怜不是什么好事，它不会产生任何建设性的结果。尽管你觉得受到了伤害和感到愤怒是合情合理的，但是这并不意味着你应该对此无能为力。如果你曾经和一位受害者共事过，那么你就会知道这会使人多么萎靡不振。人们在放弃的同时丧失了信心。他们的悲观和逃避使得团队变得毫无活力。

你可能成为公司中不道德的领导者或犯下致命错误的公司的受害者，但是否充当这个受害者取决于你的选择。我常常用一句领导力格言来告诫高管：成为执行的牺牲品是万万不可以的。也就是说，当你选择成为一位领导者，并且当很多人都依赖你和你的能力时，你就不会成为其他任何人的权力牺牲品。在大多数公司中，你可以重新掌握权力来影响其他人并实现目标，而且如果你意识到这个事实，你就不会像一个受害者那样思考或行动。

现在，从积极的一面来看，你可以做以下事情。

为自己创建有意义的工作

即使在最坏的情况下——你的公司正在接受调查，可能破产或陷入严重的颓势中——如果你理解有意义的工作与你设想之间有可能不同，那么你仍可以寻找到目标。一些领导者确信胜利就是工作的意义所在，或者工作就是特定的头衔、薪酬、老板或公司。当对这些体系的元素丧失信心时，他们就感觉遭到了背叛。他们认为效力于大老板或大公司就是工作的全部内容，而现在他们知道其实不然，那么还有什么值得为之追求的呢？

为自己的工作创造意义，领导者可以通过以下三种方式重拾对工作、事业和领导角色的信心。

- 成就你的部属或领导者。你必须对自己的直接下属负责。他们指望你能够给予指导，他们期望你帮助他们发展自身的能力。请重视这种责任。你需要关注到这样一个事实：其他员工的职业生涯掌握在你手中，如果你丧失了信心，陷入愤世嫉俗或者受害者的心态中不能自拔，那么你对他们毫无价值。你也会找到帮助上司实现目标的意义。你可能对 CEO 的行为感到失望，但是你仍然尊重你的上司。如果你认为他正在为之努力奋斗的目标是有价值、有意义的，就集中精力帮他完成目标。

- 投入你正在参与的具体项目。仅仅因为你确信公司体系的崩溃并不意味着它所触及的每件事情都变得毫无意义。你可以在具体的任务中找到意义。你的下一个项目任务也许是值得为之努力的，无论它是开发一个新的生产流程还是创建一个知识网络。如果你勤奋而富有创造力地工作，那么工作本身就可以给你带来满足感。

- 找到你的成就感。即使在道德真空地带你也可以取得成就。你可以学习新的技能，开发带有前瞻性的创意，甚至为支离破碎的体系注入新的价值。换句话说，在任何领导位置上你都可以取得很多成就，而成就感可以帮助你坚持下去，即使你已经不再相信公司或者公司中的领导者。

回忆最初引领你进入专业领域或商业领域的经历

一些人对体系丧失信心，不是因为高层管理中的任何渎职行为，而是因为他们对此日益厌倦。也许是他们的事业没有完全按照他们所计划的那样展开，也许是因为他们的期望值过高，无法实现。

我们发现，经验丰富的管理者能够通过关注最初令他们兴奋的事业来找到新的意义。有时，他们会回忆我们曾经讨论到的任何一个阶段，例如，他们接受的第一项拓展型任务或者第一次负责某项业务。无论如何，关注于重现他们最初的兴奋和活力有助于重拾他们正在失去的东西。为了重新获得目标，他们可能只需要找到另一项拓展型任务。我们曾经指导过处于职业生涯后半阶段的高级副总裁，他们自愿去公司在欠发达国家开设的分公司工作，因为他们喜欢生活和工作在另一种文化中，喜欢冒险生活所带来的挑战。一些管理者在回忆他们的入门导师时满怀感激之情，他们想通过指导别人来回报整个体系。所有这些都有助于重燃你的动力和目标之火。

目标明确的领导者

毫无疑问，世上有喜欢愤世嫉俗、操纵别人、玩弄政治手腕的领导者，他们导致公司的其他人员丧失信心。在我们看来，不管媒体怎么大肆宣传，大多数领导者都不属于这种类型。在大多数情况下，被选中担任高级职务的领导者都是一些有能力、有进取心和献身精神的人，并且他们认为自己从事的工作是有价值的。

在这个阶段，你将懂得目标的重要性。在这之前，你也许会勤奋而高效地工作，但是你几乎从未弄清楚自己为什么要从事目前这份工作，对体系丧失信心会激发你去探究自己工作的根本原因。你会发现，如果寻找到领导他人完成目标的内因，那么你就会从工作中获得巨大的满足感。你不再依赖公司、老板，甚至财务责任来为你提供外部动力，而是会从内心自发地激起这种动力。

我们曾经采访过的大多数优秀领导者都具有这种能力。无论他们是否对体系已经丧失信心，他们都会对坚持每天上班、每天全力以赴地工作深信不疑。日久见人心，你可以通过长时间观察来审视一位目标明确的领导者，高管也可以用类似的方法对将要晋升到高级职位的候选人进行评估。这是一个悖论：对体系丧失信心有助于你更加自信。

第16章

公司如何利用每个阶段来发展领导力

到目前为止，我们已经讨论了个人通过预见的思路和方法，在经历过这些关键阶段时，成功度过并成为精明能干的领导者。尽管我们指出公司可以引导这些阶段（有时他们不会这样做），我们认识到，很多公司热切地希望在更广的范围内使用这份材料。现在大多数公司使用继任者计划体系和人才评估来发展领导者。在隆巴尔多和麦考尔完成早期研究之后，我们就意识到人生经历在领导力发展中的重要性，尽管在这个领域的大多数已完成的研究主要关注的是明确的、可定义的甚至是可衡量的职业经历和职业事件。

在本书中，我们研究了更广泛意义上的人生经历。而现在，我们将提供一些你可以在更大范围内实施领导力阶段战略的方法。在本章中，我们暂且不讨论个体，而是研究公司如何更为高效地参与到领导力发展这一过程中。

1 传统意义上的领导力发展

公司意识到领导力存在持续转化过程。大多数公司领导者知道丹尼尔·戈尔曼的情商理论及其核心思想：在相互依赖的团队中，仅仅依靠智商是无法取得成功的。戈尔曼还指出：自我意识、情绪控制和自我激励是情商的关键要素。现在，很多公司都会为领导者，尤其是那些技术能力很强、但无法有效地与同伴和直接下属进行沟通或者激励他们的领导者提供指导，以提高他们的人际交往技巧和处理人际关系的能力。

　　然而，公司通常不会将戈尔曼对情商的研究（包括自我意识和情绪控制的因素）整合到包含选择、评估、晋升和发展的核心"人事流程"中。当领导者的技术能力得到认可，但是需要提高行为方式时，他通常会被分配给一位教练，而一般会要求这位教练秘密地同管理者一道工作；认为潜在的问题过于复杂、棘手，或者私人化，因此不应该成为公司话题的一部分。

　　我们注意到，在当今社会的很多大型企业中，领导力发展趋向于以一种相当狭隘的方式进行管理。领导力品质的标准是确定的，通常基于当前处于高透明度下的领导者的绩效能力来衡量。那么，以此为目标的领导力发展就会在一种以课堂为导向的、基于技能的、严格认知的环境下进行。

　　本书中描述的关键的领导力阶段——每位成功的管理者都会面临的过渡——趋向于被看作核心"人事流程"的外围，而不是它们的有机组成部分。大多数公司关心如何让员工为下一个职位做准备。问题的焦点集中在"该员工已经掌握了什么，我们需要教给他什么"，而不是"这位特殊的员工需要了解什么"。如果经验和能力成为这位员工是否被雇用、获得晋升和发展的关键因素，那么成为领导者的人通常会是强有力的执行者，但他未必能够成为强有力的领导者。

　　例如，你可能擅长销售、制造或财务，或者在一系列职位上都获得了成功，但是你仍然缺失领导者所必备的素质：执着、智慧和成熟。在某些情况下，你可能成为公司中的领导模范，不折不扣地体现出了领导能力，但是你仍然不是一位任何员工都愿意追随的领导者。

在很多不断变化的成功型公司中，强大而成功的领导者会在某些挑战面前失败，他们使公司陷入一种进退两难的矛盾之中。正如我们所看到的，尽管失败是成功之母，但是它也拖了继任者计划的后腿。矛盾在于即使鲍勃的失败可能使鲍勃成为更加坚强的领导者，但它也会使其他人将鲍勃视为一个弱者。这类问题很少能在继任者计划期间得到解决。我们没有听到过这样的问题："他们从失败中真正学到了什么？""与失败之前相比，现在他的效率提高了吗？"更为重要的是，尽管生活本身就是一种领导力发展经验，但是生活中发生的可以塑造领导者的事情——离婚、死亡、跨文化生活、个人转变——很少会被证实允许纳入构成领导力评估的正确讨论的范畴中。相反，公司的表现就好像领导者没有个人生活一样。

然而，作为教练，我们知道个人生活确实是存在的。事实上，作为高管们的教练，我们的特权之一就是，我们可以私下里对客户的一举一动都了如指掌，从他们碰到差劲上司到他们如何平衡家庭和工作之间的关系。在同他们谈话的过程中，我们可以清楚地看到，很多内心的活动会直接影响他们作为领导者的执行过程和发展道路。但是，公司里的大多数领导者都会严格地将工作和私生活区分开来。在他们的老板、同事和直接下属看来，他们似乎一切正常。而实际上，他们正在经历一个强烈变化的阶段，而这个阶段是可以预见的。但公司通常不愿意了解甚至无法承认他们正在经历的问题，更不用说会给予他们支持。我们得出的结论是，公司正在丧失帮助个人承担自身领导力责任的重大机遇。

1 公司如何促进学习

一方面，我不知道我的个人动力和关注的焦点来自何处。另一方面，我意识到，从观察我父亲的生活以及他坚定践行的个人价值体系中学到了很多。对作为领导者的我而言，甚至在为太平洋煤气电力公司准备破产保护之前，我就将他的经验应用到各种局面之中了。我知道破产和摆脱破产需要关注一些我们无法逃避的非常简单的事实和目标。即使现在，父亲的经历（尽管不是很好）还是给了我很大的力量。我告诉团队的每个成员，我在这里度过的每个糟糕的日子都要比我父亲当时过的好日子要好很多。我得到教训是，只要你具有使命感、目标和价值观，就可以度过一生中的所有难关，包括克服你自己每况愈下的身体所带来的影响。这就是我从我父亲的一生中得到的启示。这个启示可以使你从容地应对非常困难的事情。我甚至不记得我是在有意识地采用这种方式。我告诉过很多人，他的人生经历影响了我，并帮助我牢固地树立了价值观念。

——鲍勃·格林，太平洋煤气电力公司董事长、CEO 和总裁

公司如何促进领导者在这些阶段中的学习和成长呢？下面我们提出了四点建议。

↘ 开拓潜在领导者的眼界

掌握核心"人事流程"的人必须从各个角度评估和发展人才。雇用人才不仅应该从学历、背景或核心能力的角度出发，还应当考虑每位候选人曾经有过的多种经历和碰到过的逆境，并了解这些经历是如何帮助或者是否有助于候选人的改变和成长。曾经在戴尔或微软工作过的人可能会成为出色的领导者。但是那些在非洲工作过、志愿到边远城市工作

过或负责过一场政治运动的人同样会成为出色的领导者。真正精明的领导者已经领会了这一点。一位 CEO 曾对我们说过这样的话："如果我希望找到一位负责全球业务的领导者，我就会寻找一位在 20 岁左右就背着包走遍欧洲的年轻人，而不一定是大学毕业后在 IBM 实习过的人。"同样，强大的候选人的简历中可能没有过多的成功经历，但是他可能经历过公司兼并、子公司挂牌、职业后期改行，甚至重大的失败（例如，我们了解到很多精明的公司在挑选前安达信会计师事务所的合作伙伴和负责人时行动迅速，因为他们发现，这家公司的破产锻造了更加精明的专业人士）。

对经历更为深刻的理解和认识会促使公司在继任者计划的核心流程期间提出不同的问题。目的是确定员工经历了哪些阶段，以及从这些经历中学到了什么。如果他们的职业生涯遇到障碍，他们会做些什么？他们会花费很长的时间努力地从不同的角度考虑这个障碍吗？他们会从中学到什么？他们能理性地看待这个问题吗？他们能扭转局面吗？他们是否认为他们的工作方式或敏感性得益于他们的经历？这次经历是否告诉他们那种领导方式是可取的？这些问题会使你对一个人的整体有更为深刻的了解，而像"你从上一份工作中学到了哪些有助于你做好这份工作的技巧"这种问题的效果则要逊色得多。

开阔视野意味着承认领导力还涉及品质、价值观和建立信任，而不仅是与执行能力有关（见图 16.1）。尽管宣布绩效无关紧要是愚蠢的，但是忘记有勇气、能够体察别人心理的领导者可以提高绩效也是不可理喻的。当然，企业并非有意识地从狭隘的角度评价员工。例如，大多数企业并没有明确歧视女性，而且尽管很多年来一直强调这个问题，但是

女性仍然未能出现在高级领导职务上。注意到担任中级职位女性的数量也不够多是很有意义的。问题在于企业以比较狭隘的方式为高级领导力定义了某些要素，其中之一就是你不能指望职业中期可以休假之后还能晋升到高层职务。可是，这正是很多刚刚建立家庭的女性所要做的事情。对领导力进行更为广泛的观察之后，你会承认养育子女是一个学习机会非常丰富的阶段，并且女性在生育之后会变得成熟、体谅他人和更为坚强。

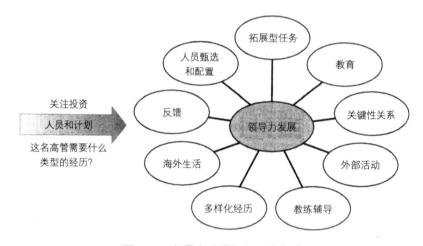

图 16.1 领导力发展与经历的关系

↘ 不要用成功或失败来衡量领导力发展

也许让企业重视这些建议的最有利的论据是我们称为"发展悖论"的一种理论，如图 16.2 中的矩阵所示。

图 16.2 "发展悖论"矩阵

如矩阵所示，某些人在给定阶段表面上很成功，但是最终都以"失败"告终，因为他们从经验中学到极少或者根本没有学到任何东西。一个人可能经历加入某一家公司或成功晋升到领导职位这样的阶段。他在新职位上表现出色，帮助公司实现了预期的结果。从各个方面来说，他都是成功的。但是，他在本质上并没有什么变化。他没有对执行任务时所经历过的恐惧、迟疑和痛苦进行反思；他没有向任何人提出问题，也没有试图获取新的知识来帮助自己处理那些还不熟悉的任务；他没有尝试过新的行为方式是否对他的新角色更加有效。简而言之，他没有为促进学习或成长下过什么功夫。在领导力发展的道路上，这种"没有学会如何学习"不会产生更为深远的成果。

然而，发展悖论暗示着你在某个阶段会遭到失败，却仍可获得更多的收获并得到大幅度成长。如果你能够反思、质疑和探究为什么会遇到、什么导致了这个重大失败，你就可能确定自己需要改正的某种领导风格或行为。例如，你可以从我们所定义的脱轨行为中认识自己并努力改正自己的这些行为。这种认识不但可以在你下次处于类似情况时增强你的警戒意识，而且可以成为你纠正态度和行为并成为更高效领导者的催化剂。

我们发现，在当今充满竞争的商业环境中失败的余地或空间极小。所以很多企业并不能意识到，如果从更广义的角度来评价领导者的决策失误，他们今后取得成功的可能性就会增加。从我们的经验来看，领导者经常面临的两难境地就是如何晋升有才干的人，让他们承担拓展型任务而不会让企业担当风险。尽管人们确实可以从拓展型任务和风险中学到很多东西，但问题在于，应该推进到何种程度才是合适的。通常我们

的建议是，尽可能地让他们承担风险。领导者可以从多样性、逆境，包括失败中吸取教训。优秀的人才开发者可以找到一种设计学习机会的方式，并能够从正面或负面环境的学习中收获成果。我们希望潜在的领导者能够冒着可能创造不利环境的风险并利用逆境来了解自己。

在继任者计划、业绩评审和其他评估中，评估者通常会根据人们的成功和失败迅速地做出评判。我们参加了很多继任者计划的评审，一个尖锐的传闻会导致当事人的整个事业脱轨。我们并不是建议人们不要重视业绩，但是如果能够考虑以下更加深入、更为寻根究底的问题，谈话就会更富有建设性和开放性：

> 当他成功或失败时，他学到了什么经验教训？
>
> 这次经历之后他有什么改变？
>
> 我们对有助于他学习的生活经历还有哪些其他方面的了解？
>
> 有了这次经历，他未来成长的领域在哪里？

↘ 让每个空缺职位都成为一次领导力发展的机会

今天，企业关注员工的经历，将其视为开发人才的最好手段——这是对在课堂上无法发展领导力这一观点的认同。如果你可以让合适的人担任合适的职位，那么你就可以触发能够显著加速领导力发展的阶段。很多企业只是将任务分配给员工，让他们自生自灭。我们建议他们通过以下方式向这些走入工作（阶段）岗位的人提供支持和指导：

- 定期提供 360°评估，并和主管人员探讨。为员工创造提问题、表达顾虑和反馈进度的机会。
- 鼓励针对新的经历进行反省。

- 激励员工勇于冒险，让他们离开自己的"舒适区"。
- 通过辅导来帮助人们说出问题和采纳建议，因为他们在与同事或老板沟通一些问题时会感到不方便。

为了将空缺职位转化为发展机会，分配工作任务的管理者需要清楚地知道哪些职位对特定的员工来说有巨大的发展潜力。老板事先应当知道员工没有经历过哪些阶段，并将他们安排在可以让他们体验到多种经历和逆境的职位上。

↘ 通过领导力发展项目来促进职业阶段的发展

企业应当充分利用这些项目来鼓励员工全力以赴与重大失败、拓展型任务、新的领导角色等各个阶段做斗争。我们已经和很多家企业开展了合作，其中包括戴尔、强生、华盛顿互惠银行、诺华制药等，他们已经采用行动学习项目来拓展领导力发展的方法，同时将艰巨的 CEO 驱动的任务与"实时信息"、辅导、评估以及经验结合到一起。这些公司和很多其他人发现，这些项目与实际情况中的在职发展同样有效。尽管存在着多种形态的行动学习，但是其本质都是向员工提供最具挑战性和真实性的任务，同时还能让员工体会到多种经历和逆境。行动

> 当某人正在处理遇到的特殊问题或难题时，可能一个机会就随之产生了，他们进来后会说："看，我来这里不是寻求答案的，我是来这里讨论问题的，我想征求你们的意见，但不一定采纳你们的意见。我们来仔细讨论一下这个问题。你们的阅历更为丰富，见识也更广。我会对你们的意见采取去粗取精的方式。我只是征求你的意见而已。"在汇报型关系中，这种方式极具价值，却很少为人们所采用。
>
> ——雷·瓦乌特，
> **通用磨坊公司副董事长**

学习任务始终与实际的业务需求和企业战略紧密相关，员工在这些任务中的业绩和成长会对他们的职业生涯产生影响。行动学习的参与者经常会选择一些他们所在团队关注的问题——通常是企业的热点问题。鼓励参与者去冒险和尝试新的思维和交际方法；这些新的方法是高效处理任务所必需的。不管怎样，任务目的在于使人们离开他们的"舒适区"。要求任务的参与者与其他员工合作，或者将其派驻到不熟悉的地区，甚至国外工作。在指导参与者通过这些阶段时，我们强调过的所有关键点——花时间反省、从新的角度考虑形势、采纳业绩反馈的建议、了解自身弱点并学会管理它们——都是行动学习的重要组成部分。

诺华制药采用行动学习进行领导力发展，该公司将行动学习作为新领导者学习项目的基础。这些首次走上管理岗位的人列举了一些他们在新的工作岗位中需要解决的问题——通常是一些令他们进退两难的难题——他们在团队中解决这些问题。参与者谈论了他们连续四天尝试制定解决这些难题的策略时所感受到的工作强度——这种工作强度类似于在某个困难时期里所感受到工作强度。诺华制药有 4000 多位管理者参与了该项目，从而为公司提供了一种以大规模和更加有意义方式来发展领导者的方法。

以新方式来发展领导力的益处

我们曾经建议企业承认这些领导力发展阶段的存在，并将它们综合到核心"人事流程"中，但是我们更愿意关注公司在这样做时可以取得的特定收益，主要表现如下。

降低高管跳槽的风险

每家企业都遇到过这样的事情，高管因为他们离开了晋升的快车道（或者他们从来没有进入过快车道）而被迫跳槽，在跳槽之后成了其他公司的超级明星。这种事情发生的概率很高。企业经常会将优秀的执行者、领导者和普通的执行者、领导者混为一谈。这是因为他们审视、考察领导能力的眼光比较狭隘。如果全面地考察某位领导者，就会发现，领导者实际上是由很多部分组成的一个综合体，其中包括个人部分和职业部分。因此你开始意识到个人在经历某个重大的生活实践之后似乎会成为更加优秀的人才开发者，或者变化无常、主观臆断的销售经理在面对客户反对他的行为而导致严重的合同损失之后沟通能力和激励能力都获得了提高。任何体系都不能确保万无一失，但是采用更为广泛的人生经历评估视角的领导力发展体系（包括阶段）在确定领导者潜力方面有着更为出色的表现。

增加领导者候选人的数量和多样性

大多数企业无法让多于 15% 的员工参加领导力发展计划。此外，被选中参加这些计划的员工通常都非常相似：他们可能来自类似的部门，具有类似的经历，对企业持有类似的观点和看法，并具有实现目标、满足最终期限和出色完成业绩评审的能力。在大多数企业中，他们的言行举止和衣着都非常相像。所有这些都没有什么关系，但是它们会妨碍多样化观点的并存，而多种观点的并存对于创新、适应性、灵活性和成功而言是非常关键的一个因素。关注每个领导力发展阶段可以使企业意识

到并承认经验和学习可以成就伟大的领导者，但采用传统的评估标准就未必能达到同样的效果。在制定雇佣、晋升、发展决策时全面考察领导者，企业就不会对进入领导职位的人设置一些人为的限制。同样重要的是，这样做将为更多的人提供发展机会，因为这些机会现在不会被限制在一个必须具备很高潜力的少数员工名单之内，最后一点，它可以使员工对自己的发展负责。发展的责任从企业的肩膀转移到个人身上，这样达到目标就变得更容易了。

防止企业在学习效果最明显的阶段解雇管理者

这种现象会快速榨干企业的才智资源。在管理者进入企业高层、完成外派任务返回和经历重大失败这些阶段中，当事人的收获是最大的。遗憾的是，这些阶段通常也是企业解雇管理者的时候。有过这些经历之后，人会发生一些变化。他们开始怀疑以前一些一直坚信的框架，并且更愿意冒险、思考和倾听。但行为和态度发生变化会使高管感到不舒服。上下一致对企业来说仍然是非常重要的，在经历一个阶段就可以激励员工更加诚实可信，而不是扮演某一个角色。这些呈现出新面貌的管理者有时看起来似乎不太适合这家企业，但是事实恰恰相反；只是因为，作为普通人和领导者，他们获得了成长，因此他们显得与以往不同了。

我们经常应邀去指导那些从其他高绩效企业（如通用电气）中挖来担任高层职务的管理者。这些高管通常是因为他们具有特殊的经历、个性或文化背景而受到聘请的，但是当他们表现出来这些品质时，雇用他们的企业反而会开始后悔把他们挖过来。解决方案非但不是向拒绝改变的顺从文化发起挑战，反而通常是指导新人调整自己并适应聘用他的这家公司的领导风格。当然，这种过程完全是潜意识的，但是它的确表明了大多数高管顺从的一面。

牢记各个阶段的影响，企业就会意识到领导力发展的真正内涵。这不但有助于他们避免解雇一位刚刚向着成为领导者大步迈进的员工，而且会因为企业不必频繁招聘和培训新员工来代替解雇的员工而省下一大笔钱。

确定和拆除定时炸弹

在当今的很多企业中，少数性情古怪甚至情绪失控的管理者会进入高层职务。我们都很容易受到自身脱轨期的潜在伤害，但在高层职务上，管理者未必始终都能收到有关如何有效地管理脱轨行为的反馈。会带来麻烦的 CEO 大多具有创造性和创新性，他们敢于挑战公认的会计惯例。傲慢的领导者拒绝承认其他人的观点，完美主义者无休止地陷入细节中不能自拔。高管将惧怕当作管理技巧使用或尝试掩盖自己的脆弱。这些人是如何被晋升到承担着重大责任的岗位上的？企业为什么不尽力识别出这些会阻碍或打消其他员工积极性的，或者未经充分考虑后果就行动的领导者呢？

一种解释是当今大多数公司中的领导力发展和晋升流程都是线性的。你在容易衡量出结果（如财务目标、市场份额、产品发展计划、六西格玛指标等）的方面表现得越出色，就越容易晋升。在评估领导者才能时，业绩评估通常作为重要因素被纳入考虑范畴。然而，对于高管来说，财务业绩应当仅仅是其中的一个因素。但实际情况并非如此，各个公司通常会忽视这样一个事实：它们的领导者仅仅是在执行工作，而没有学习和进步。没有反省，尤其是针对负面事件的反省，学习过程就不会发生。明显的不良行为有时表明领导者需要进行学习了。

　　阶段模型为各个公司提供了一种方式，用于定位哪些需要改正或减少的行为和态度，并促使人们思考下面这个问题：为了鼓励高管学习和成长，已经做了什么、现在正在做什么以及将要做些什么？

　　这些阶段为企业带来的好处是使体系更具人性化。不管是有意识的还是无意识的，企业都是根据财务计划模型来建立它们的雇佣、评估和发展流程模式的。在当今很多企业中，领导者被视为资产或债务，企业使用公式来计算其价值。如果出现重大失误，高管就会被责罚，通常是在"受罚席"上工作，直到他们的形象恢复或被解雇。其他人被视为"不适合在某个团队工作"，因为他们是通过收购来到这家公司的，或者以前在不合适的部门工作，或者在企业关系网中没有坚定的支持者，或者他们背景中有某些部分令人怀疑。同时，由于没有良好的方式来对此进行衡量，因此人们对高管发展下属的能力、适应能力或从多个角度看待问题的能力无法给予充分信任，也无法相信他们具备将各种类型的员工团队凝聚到一起，并充满干劲地实现目标的能力，或者相信他们有尝试非传统式解决方案的积极性。

　　从更广阔的角度来理解领导力会使我们在雇佣、衡量和发展员工成为领导者时做出明智的选择。相比之下，它受能力模型驱使的因素有所减少，而是更加关注全面地看待问题，它更多的注意力放到了领导者应该如何学习和发展上，尤其是领导者在个人生活和职业生涯的困难时期是如何学习和发展的。

第17章

存续发展的八个指导步骤

　　如果你所在的企业已经实施了我们在前几章中讨论的某些建议，那么你会较为容易地度过这些阶段。这些阶段可能已经成为你自己领导力发展体系的一部分。但是无论你的企业如何定义或实施领导力发展，或者认识个人挑战和职业挑战的重要性，作为一名领导者，你都必须不断学习和成长。归根结底，你应当为自己的发展负责。

　　在本书中，我们提出了从不同角度考查领导力发展的方法，还讨论了如何在我们所描述的每个阶段中实现最大限度的学习和成长。我们根据每个阶段的性质量身定制了我们的建议，它适用于基于反省和重新定义事件的简单模型上的绝大多数情况。你可以请求高管教练的帮助，还可以自学本书。很明显，你应对生命中重要阶段的方式明显不同于你处理新项目任务的方式；不能将离婚或失去爱人这样的事件与新的业务责任等同起来。但是所有这些阶段都涉及成长和发展，都有助于你审视自我，并最终提升你的领导力。

　　尽管可能不是很明显，但某些品质和习惯可以帮助领导者最大限度地从所有的阶段中获益并拓展自己的洞察力。根据我们的采访和指导经验，我们确定了八个不同的"步骤"，来促进全部个人阶段和职业阶段的发展。遵照这些步骤可以帮助你避免那些潜伏在每个阶段中的职业和个人的脱轨行为，还可以帮助你充分利用每个阶段中的领导力学习过程。

步骤 1：学会坚韧不拔

　　以前天美时的广告语是："天美时在地上摔一下，却还是嘀嘀嗒嗒地走个不停。"事实上，我们采访的每位领导者在面对（尤其是职业生涯的开始阶段）逆境时都表现出了惊人的韧性。很多人由于犯了愚蠢的错误，或者在被委以重任，负责某个项目时错过了交付时间而被解雇。有时员工会辞职，产品生产会无法正常运转，或者预算超支。在某些情况下，由于命运的玩笑，导致员工个人生活遭到破坏、企业倒闭，或者一些不受他们掌控的事情发生。

但是，他们又东山再起了，更难得的是，他们在东山再起之后变得更加强大，更富有智慧。对史蒂夫·乔布斯（苹果公司和皮克斯公司的CEO）、萨姆纳·雷德斯通（威亚康姆公司董事长和CEO）和米勒德·德雷克斯勒（J. Crew 公司的董事长和CEO）来说，他们坚韧不拔的经历已经成为一种传奇。这种品质是与生俱来的还是通过不断的竞争培养出来的？这很难讲，尽管有很多管理者将自己的童年经历与后来成功联系到一起。一位管理者在十几岁时撞坏过自家的汽车，不得不打电话向父亲求助。当他的父亲赶到时，他们发现尽管汽车已经严重损坏，但是仍然可以继续开动。父亲将钥匙扔给儿子，然后说："试着将车开回家，别把它完全毁了。"

无论坚韧不拔这个品质是与生俱来的还是后天养成的，抑或两者兼有，它都能有助于度过每个困难时期。不屈不挠的乐观主义和自信是非常有益的，尤其是当发生在相应困难时期中的事件无法让人有充分的理由表现出乐观和自信时更是如此。没有坚韧不拔的品质，你会很容易陷入自我怀疑的泥潭中，而这时事件就掌控了你。一位管理者对我说，他喜欢将自己描绘成一个供儿童玩耍的充气式气球人，这个气球人的大小同真人相仿。无论你把它击倒在地上多少次，它都能立刻重新站起来。

也许你可以在自己的下意识中找到这个气球人的形象。时刻提醒自己，如果你需要在事业或生活上有所成就，那么失败就不再是无可挽回的，或者说不再是对你职业生涯的盖棺定论了。与我们一同工作过的很多管理者已经学会利用他们的失败和令他们失望的事情。他们已经发现将自己针对某一实践的强烈的负面情绪转化为正面动力的方法。他们甚至会拿糟糕上司的蠢事和他们自己的错误选择开玩笑，并决心继续学习和前进。

这不代表他们没有经历过怀疑、绝望、伤心或愤怒的阶段。即使事情过去多年以后的今天，一些领导者的声音仍然表明他们当时所体验到的强烈情绪。但是他们也知道自己的感受，并且会向其他人表达自己的想法，这就为他们的东山再起扫清了障碍。记住，如果你一直抱有愤怒、恐惧，或任何其他强烈而难以释怀的情感，那么要做到坚韧不拔就非常困难。

我认为坚韧不拔的品质非常重要。我具有这种品质，并将其运用到我们的领导力项目中："你是一个温度计还是一个温度调节器？"温度计只能反映人周围的问题，而温度调节器会在过热的时候制冷，在过冷的时候制热。它设法维持一个均衡的温度。我认为，领导者应当尽可能不做一个温度计。因为温度计只能不停地传递问题，在冷热高低之间来回摆动。尝试使自己平静下来。表现出某些情绪不是什么大问题，但是在我看来，最好不要总是向别人施压或发火。

——雷·瓦乌特，
通用磨坊公司副董事长

步骤 2：接受应该由你承担的责任

在职场和生活中，我们出于本能反应将自己的失败和问题归咎于他人或环境。在企业里，我们会这样说：

我们没有得到适当的培训。

由于意外事件，我们未能完成上个季度的目标。

企业没有提供关键的资源。

遗憾的是，我的上司不支持这样做。

一项新技术打乱了我们的预想。

在企业中，类似的理由无穷无尽，领导者会频繁地使用这些理由。在个人生活中，类似的话也随处可见：前配偶合不来，经济状况（又是它）带来了财务问题，孩子们没有心存感激，等等。有时，我们似乎生活在一种避免承担责任的文化中。

事情也许果真如此，的确发生了一些糟糕的事情。但是领导者可以分为两类：一类愿意承担责任，另一类只想推卸责任。如果你不想承担个人责任，就不可能在艰难，或者甚至积极的阶段中得到学习和成长。你需要运用这种责任担当来进行建设性的自我检查。如果不承担责任，那么你就会将注意力转移到外部，从而忽略这次特定的事件是怎么影响了你，以及你在发生的这次事件中可能扮演的角色。

为了帮助领导者承担责任，我们经常使用 SARA 模型（见第 1 章）来接受反馈或处理负面事件。掌握这些可预见的反应能够提高领导者的

自我认知能力：

S——震惊

A——愤怒

R——拒绝

A——接受

我们采访的一位未能晋升到他认为理所应当得到的职务的管理者。他暗中努力遵守这个四字模型来控制自己的表情。当然，对于公司的决定，他不必遵照这个模型，首先表现出震惊，然后是愤怒。但是对他来说，第三个词"拒绝"非常有用；这个词使他知道自己可能正在逃避本应当由自己来承担的责任。考虑到这个问题，他选择与教练进行交流，他意识到企业认为他不适合承担这个新的领导角色的原因是他的傲慢自大，这个评价是符合实情的。此后，他逐渐承认自己应当为这次落选负责。而直面问题使他能够激励自己努力控制傲慢自大的倾向。随着他逐渐克服了自己的这个缺点，他开始从老板那里接受了很多更为重要的任务，这又使他对自己在未来有可能得到的晋升开始抱有希望。

步骤 3：反省

我们知道已经在很多阶段中强调了这个步骤，但它是领导力学习的基础，也是避免重复走弯路的方式。如果不理解为什么成功，那么你就相当于一台高效率的机器，而不是一位高效率的领导者。如果没有弄清楚自己为什么会失败，那么你就容易重蹈覆辙。

反省可以促进更深的理解。几乎我们采访过的所有领导者都谈到了反省的重要性，尽管他们不经常使用这个词语。例如，一位曾经做过军官的高管提到了"事后行动评估"——一种指挥官分析交战后得失的过程。他在商业领域中也是这样做的。如果还记得第 2 章中提到的库伯学习模型，你就会理解为什么反省对学习至关重要。尽管我们之中有些人比其他人更倾向于反省，但是每个人都可以使反省成为他们对每个阶段反应的一个有意识的行为。

在行动学习项目中，管理者共同参与解决企业的当前业务问题或面临的战略挑战。行动学习和任务团队之间的区别在于，它要求参与者首先进行反省，然后再参与自我和团队挑战。这样做可以促进学习过程，鼓励自我洞察，并为领导力的发展创造条件。但是你不一定非得参与行动学习项目才能获得同样的收获。让反省成为你日常工作的一部分，严格挑战你的原有设想，在一次行动结束后对其进行评估，这样你就会成为一位更好的领导者。

当某事件触发你生命中的某个阶段时，扪心自问教练是否会问你下面这样一些问题：

为什么这种事会发生在我身上（或发生在我关心的某个人身上）？

我的行为或态度对这个事件有什么影响？

如果我采用另一种方式，结果会有什么不同？

我对发生的事情感到生气、悲伤或内疚吗？为什么？

如果我可以使时间倒流，去改变自己说过的话或做过的事情，我将怎么做？

这些问题以及类似的问题为你提供了在每个阶段中用来反省的素材（见图 17.1 可了解更多内容）。

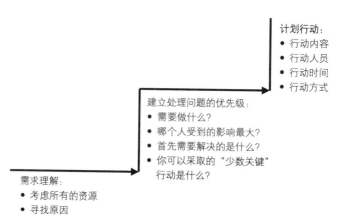

图 17.1　通过反省提高领导效率的三个步骤

步骤 4：寻求合作伙伴、家庭、朋友和专业人士的支持

变化和逆境会使人产生压力。当你提升业绩受限或处理失败和亏损时，你会觉得在孤军奋战。很多领导者说，当他们在困境中奋斗挣扎时，仿佛这个困境仅仅是他们一个人的事。尽管困境显然是所有人需要面对的，但感觉起来就不是那样了。孤独感和孤立感具有典型性，根据字面的含义我们也能知道，所处的职位越高，这种孤独感就会越强，因为你的同事的数量也随着你地位的提升而减少了。

由于孤立感而放弃将导致领导者更易于堕入失败主义的泥潭。消极的观念会抑制变化。令我们惊奇的是，有如此多的领导者在困境中愿意向为高管提供指导的教练寻求支持，而不愿意向家庭和朋友寻求支持。很多领导者仍将"过度自信"等同于能力，并采用"一切在我的掌控之中"的态度，却不愿意向那些同他们感情亲密的人吐露实情。一些领导者，尤其是男性，确实不习惯表达他们对工作和事业的感觉，也不喜欢向别人承认他们的脆弱（见图 17.2）。最近对 CEO 的研究表明，这些人最恐惧的就是其他人可能发现他们的脆弱。

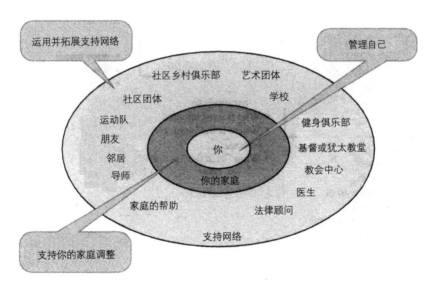

图 17.2 工作与生活的经历

高管教练职业的日益普及为高管提供了支持，凸显了专业人士指导的重要性。它还凸显了在当今社会很多高管所体会到的孤立感。在 CDR 国际公司为跨国公司开设的很多高管领导力课程中，我们为参与者提供了为期一周的一对一的教练体验。对于很多高管而言，这种与客观的倾

听者、辅导者的练习是这一周的重点，因为这使得他们可以尽情地向专家倾诉：吐露、反省和反思他们在领导过程中碰到的问题。这种体验加速了他们的学习过程，并使他们有可能在处理那些必须由自己独立解决的问题时得到支持。

大多数受访者表达了以下感想："如果没有他们的支持，我将永远也不会达到目标。"情感支持者有助于你绝地反击，使你意识到自己在奋斗或失败时并不是孤立无援的。这有助于你忍受困境，并帮助你保持倾听、提出问题和处于开放心态。

步骤 5：发展和使用专业人脉

阶段通常意味着变化，而变化会促使你在企业中寻找新的任务，以寻求承担更重要的责任，甚至离开公司、改变方向或者找其他的事情去做。这些阶段还会促使人们向他人寻求有关机会、建议、对公司政治的观点，或最近的突破性研究成果的信息。建立内部和外部人脉是很有意义的一件事，因为你可以依靠这个网络来实现这些目标。理想情况下，你应该在进入这个阶段之前就建立网络（因为构建网络需要时间），而在进入某个阶段之后，你可能就没有时间或精力来做这件事了。

建立人脉意味着有意识地针对特定阶段中出现的问题与其他人会晤或交谈。正如我们所强调的，暴露你的不足，尤其是使用"我不知道"这样的字眼，可以为自己和他人创造学习机会。向其他人敞开自己可以促进转变。你的人脉中某些人可能建议你去找某位教练来帮助你解决绩效问题，或者引导你得到一项工作，而此项工作可以提供你所需要的责任和挑战性的任务。这个网络还可以影响你的个人生活，将你与领导者的其他发展和成长方式联系到一起，其中包括志愿者活动、宗教活动、互助组或结识新朋友。在需要的时候，领导者就可以充分利用人脉中这些精明能干的人的智慧来帮助自己取得成功。

> 对我来说，这就是生活——朝圣之旅。我们一起经历生活，如果我们还可以相互帮助，就太美妙了。我不喜欢导师这个词。我喜欢将它看作一种友谊。它是一条双向道，我们可以相互学习。
>
> ——比尔·乔治，
> 美敦力公司前董事长和 CEO

步骤 6：寻求庇护

对某些人来说，该步骤意味着来到某个地方，如乡下的一间房子中，一个心爱的静居场所，甚至某个家庭的一间屋子中。对其他人来说，它意味着参加活动：运动、艺术，以及其他形式的放松。对另一些人来说，它意味着沉思、做瑜伽、祈祷和暂时停止工作。尽管这些躲避工作的方式不同，但是它们都为人们提供了一个逃避和重新充电的空间。很多接受采访的领导者谈到，这些空间和活动使他们得以逃离工作或生活中的混乱。这对他们而言是一种解脱，使他们在几小时或几天内不必考虑工作或个人生活中的困难方面，使他们能够从远处看清楚事件的全局，从而更为客观地处理问题。

困境带来的压力是巨大的，而领导者可以忍受的压力是有限的，过载只会产生负面效果。为了继续从事领导工作，你需要节省自己的精力，

因而你需要暂时的逃避。当回来的时候，你可以集中更多的精力来关注这些困境所带来的一些问题，并会加深对自己所需要具备的素质以及应该做些什么的了解；而且这样做之后，你采用消极方式（如否认、沉溺或责备其他人）来逃避的可能性也会大大减小。

步骤 7：获得从全局看待问题的能力

"我对自己的了解使我感到经受这么多痛苦是值得的。"这是一位高管在谈论他生活中的某个特殊的困难时期时的感慨。超越所处的阶段，从更高的角度观察有助于从全局考虑棘手的问题。即便优秀领导者，也会陷入生活的步调、其他人的需求，复杂、相互依赖的工作细节中，以至于可能忽略事件中最为重要的意义。当更重要的事情（如失去亲人、不幸的事件或疾病）发生时，我们就会无视工作中暂时的挫折，如失去关键客户、预测失误、得不到晋升、与一位不喜欢的同事打交道这样的问题，此时这些暂时的挫折对我们来说显得无足轻重，但是领导者通常告诉我们，即使那些更为重要的事情再令人痛苦，再困难，它们也是生活的一部分，并会产生很大的意义——如果它们能够激发当事人以客观和超然的态度来看待问题的话。在忙于行动的时候，我们忘记了这些事实。这就是很难再经历一些事件时从中学到东西的原因。我们陷入恐惧、焦虑或者负面的情绪中，或者不断地重复犯过的错误。我们不能客观地评价自己、自己的感受，以及自己所处的形势。

这个步骤的字面含义是你离开所处的环境，与它保持一定的距离。新的观察角度会提供一定程度的客观性，使你可以在更大的背景环境下观察你所处的阶段。例如，我们共事过的一位女性营销高管曾经为自己不得不向一位糟糕上司汇报工作而苦恼。最终从全局考虑问题帮助她渡过难关并获得了收获。她说："我过去常常将我作为营销副总裁的角色和我的个人身份混淆。现在我明白了工作中需要公私分明。"人们很容易将他们的身份和他们的工作混为一谈。在顺境中，领导者很难从这种全局性的角度看待问题。责任重大、位高权重的领导者尤其容易将自己的职位与本人混在一起。他们被一直需要他们、向他们征求意见、重视他们所说的话的人紧紧包围。

一个阶段就是一次从较为广阔的视角看待工作或生活中的任何事件的机会。职业障碍或不适的环境动摇着你的信心、你做事的习惯和你的控制感。突然，你有机会清楚地观察事物。你需要迫使自己利用这种新的视角，提醒自己你正处于一个领导力发展的过程。它可以使困境中所发生的负面事件更为容易地被理解和接受。它还使你对什么是你职业生涯和个人生活中真正重要的东西有更为深刻的认识。这名女性营销高管决心不让她的角色主宰她，并对自己处理问题的轻重缓急有了一个清晰认识（包括为他人提供更多时间）。她说："我不再做我不想做的事情。"在经历这个阶段之前，她永远也不会说出这样的话。

步骤8：冒险

　　总体来说，冒险就是你必须直面困境，而不是逃避它。作为一位领导者，在困境中要有意识地冒险，并尝试在生活中制造变化和逆境。一些人尝试掌控他们的职业生涯，目的就是尽可能降低风险：拒绝完成起来有难度的任务，拒绝举家搬迁——因为这会导致生活发生剧变，拒绝向团队或企业的传统智慧发起挑战，拒绝让他的上司接触到任何真实的反馈信息。这些确保安全的行为使人们避免了伴随着每个困境而来的那些不熟悉的经历和逆境，因而剥夺了他们的发展之路。

　　在行动学习领导力发展项目中，我们有意识地迫使管理者走出自己的"舒适区"，进行多种体验活动，如爬山、在发展中国家采访市民、与政府官员举行会谈或在收容所做志愿者。要想提高运动员的成绩，就要把他逼到体能的极限；对于领导者来说也是如此。作为一个领导者，你如果没有面对过不熟悉的形势或者未曾经历任何苦痛，就不要指望自己会有所发展。而冒险则可以提供这两种要素。这并不意味着你要去做一些毫无必要的冒险行为。例如，毫无理由或根据地找人当面对质，或者立下军令状，去争取实现一个很难甚至无法实现的结果或项目。而是意味着让你养成习惯，把自己暴露于一个令自己感到无法轻松应对的境地，并直面你的感受和缺陷。根据我们的经验，优秀领导者都会不断地在职业生涯，尤其是他们处于困难状态时去冒险，他们致力于尽可能地减少潜在保守性，即使它有可能带来成功。

1 退休

综上所述，贯穿你领导观的这八个步骤会为你职业生涯的最后一个阶段做好铺垫：退休。虽然退休意味着剧变，但是换个角度来看，我们每个人最终都会结束自己的职业生涯，投入其他的事情中。如果在经历每个阶段时能够有意识地思考，那么在这个阶段之后你就会在自我认识和成熟型这两方面获得提高。这有助于你认识自己，了解自己的价值观。结果，退休不仅不会成为一个终点，而会成为最能反映它本身含义的一个阶段。你会对自己所重视的东西有清醒的认识，并知道如何在退休后按照自己的价值观生活。不管你是否决定在志愿者、旅行者或者兼职工作中运用你的技能和知识，你都会做出这项决定，因为你清楚自己想在余生中得到什么。这完全不同于另一类人：直到退休时还对自身的价值观或信仰，以及那些使他们的生命有意义的事物知之甚少。

在这个阶段，我们指导过许多高管，他们为自己的职业投入了毕生精力。由于他们职责的需要以及他们不得不为之付出的时间和精力，他们没有培养过兴趣爱好，甚至没有顾及与生命中一些重要的人建立牢固的关系。他们从未将自己的身份与他们的职业角色分离开来。对他们来说，一旦退休，他们又会面临在二十多岁时所面临的局面；他们必须重新努力地区别判断什么是他们感兴趣的、什么是他们想要的、什么是他们要去追求的以及如何去支配时间。但如果在退休之前除了承担领导工作之外，能够提早关注如何支配自己的时间，如何安排自己的生活，就可以避免这种局面。

1 与人分享你的经验

我们乐意另外给你一个有关如何度过这些阶段的建议。我们已经注意到，经过这些阶段之后，人们的情商会得到锻炼；我们也讲述了如何让你努力和那些新经历促进你变得更善于体察别人的心理，成为一名更好的沟通者、一个更令人信赖和信任他人的领导者。于是你可以更好地帮助他们顺利地度过这些阶段——同时这样满足了对你的另一种领导力要求，你能够更敏锐地觉察到其他人所经历的事情并为他们提供所需的帮助。例如，你的下属休产假回来，你潜意识的态度不会再是"让我们看看她会不会拖后腿"，恰恰相反，以你的领导风格，你会这样想，"我该怎样帮助她"。领导者的一个重要责任就是培养他的员工；作为一个已经经历过一些阶段的领导者，你正处在担负这个责任的理想岗位上。

13 个可预见的紧张激烈的阶段无疑是你生命中的压力、困惑和情感波动期。但这些阶段也为你成为一位更坚强、更富同情心、更有影响力的领导者奠定了基础。拥有了洞察力、反思和自我宽恕，你就能够将生活和工作中的各种经历转化为可以促进自身和他人成长的要素。